머리말

튼튼한 기초 베트남어
Tiếng Việt cơ sở

　베트남어를 배우는 한국인 학습자를 위한 가장 기본적인 베트남어를 다룰 수 있는 '말하기 – 듣기 – 읽기 – 쓰기'를 통합한 교재입니다. 이 교재는 학습자가 기초 어휘와 표현부터 언어 네 가지 기능까지 균형 있게 학습할 수 있고, 특히 말하기와 듣기 능력 강화에 중점을 두고 있습니다.

　튼튼한 기초 베트남어 교재 구성은 1부 '베트남어 이해하기'와 2부 '베트남어로 표현하기'로 나누어져 있습니다. 1부에서는 베트남어 알파벳, 음절 구조와 문장 구조에 대해 소개하고 있습니다. 2부에서는 베트남어 인사말부터 다양한 일상 회화까지 '주요 어휘 – 핵심 표현 – 회화 연습 – 듣기 연습 – 말하기 연습 – 쓰기 연습' 등의 순서로 학습할 수 있도록 구성하였습니다.

　저자가 학습자의 편의를 고려하여 베트남어 발음 표기가 포함되어 있고, 어휘 및 핵심 회화는 모두 남녀 성우의 발음으로 구성된 음원을 제공하고 있습니다. 핵심 표현 학습과 회화 연습 활동은 문장 분석을 바탕으로 이루어져 있습니다. 따라서 이 교재를 통해 학습자가 기초 어휘와 문장 구조를 이해하고 듣기, 읽기, 말하기 및 쓰기 연습을 거쳐 베트남어 의사소통 능력을 주도적으로 키울 수 있습니다.

교재 구성표

1부 베트남어 이해하기
베트남어 기초 정보

1과 — 베트남어 알파벳 쓰기 및 발음		008
2과 — 베트남어 음절 특징 및 성조		017
3과 — 베트남어 문장 구조 이해		025

2부 베트남어로 표현하기
어휘/핵심 표현/회화/듣기/말하기/읽기/쓰기

주제	학습 목표	주요어휘	
1과 — 인사	첫인사 안부 묻기	인사와 관련 어휘 가족 호칭 체계	032
2과 — 직업	전공에 대해 묻고 답하기 직업에 대해 묻고 답하기	직업과 관련 어휘 대학 전공 및 일과 관련 어휘	042
3과 — 가족	가족에 대해 묻고 답하기 가족 멤버의 외모와 성격 묘사하기	가족과 관련 어휘 외모와 성격	052
4과 — 생일	나이 묻고 대답하기 생일 묻고 답하기	나이와 생일 숫자 0~1000	062
5과 — 취미	취미에 대해 묻고 답하기 시간이 있을 때 하는 활동에 대해 묻고 답하기	취미 활동	072
6과 — 베트남어 공부	베트남어 공부 이유 또는 목적에 대해 이야기하기 베트남어 공부한 시간에 대해 이야기하기	베트남어 공부 이유와 목적	082
7과 — 시간과 요일	일주일 일과에 대해 이야기하기 주말 활동에 대해 이야기하기	시간과 요일	092
8과 — 약속	계획 묻고 답하기 약속 시간, 장소 묻고 답하기	계획과 약속	102
9과 — 날씨	날씨 묘사하기 한국 날씨와 베트남 날씨 소개하기	날씨와 계절	112
10과 — 건강 안부	건강 안부 묻고 답하기 조언하기	건강 안부 신체 명칭	122
11과 — 음식	베트남 음식과 한국 음식 소개하기 식당에서 음식 주문하기	베트남 음식과 한국 음식 음식의 맛	132
12과 — 쇼핑	물건 구매하기 베트남 전통 의상 소개하기	물건 구매 베트남 화폐	142

교재 구성과 사용법

1부 베트남어 이해하기

1과 — 베트남어 알파벳 쓰기 및 발음

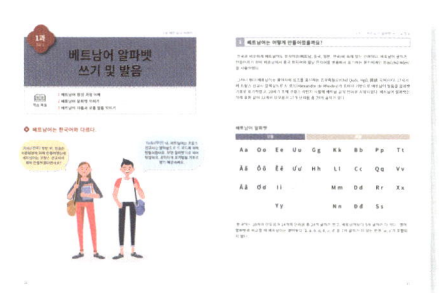

베트남어 알파벳에 대해 소개하는 내용입니다.
베트남어 알파벳 쓰기와 발음을 익힐 수 있습니다.

2과 — 베트남어 음절 특징 및 성조

베트남어 음절 구조와 한국어 음절 구조 비교를 통해
베트남어 음절의 특징을 확인할 수 있고
6개의 성조를 구별하며 발음 연습을 할 수 있습니다.

3과 — 베트남어 문장 구조 이해

베트남어 기본적인 문장 구조에 대해 소개하는 내용입니다. 한국어 어순과 베트남어 어순의 차이점에 대한 이해를 통해 베트남어 어순의 중요성을 확인 할 수 있습니다.

2부 베트남어로 표현하기

학습 목표
학습 내용을 확인할 수 있습니다.

도입 대화
"베트남어는 한국어와 다르다"란 주제로 학습 내용과 관련된 대화를 읽고 베트남어와 한국어에 관한 재미있는 차이점을 확인할 수 있습니다.

주요 어휘
주제와 관련된 주요 어휘가 각각 발음 표기와 한국어 의미로 설명되어 있습니다.
음원 파일을 들으며 발음 연습을 할 수 있습니다.

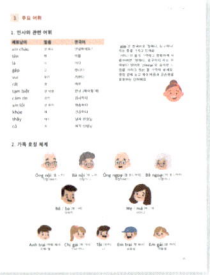

핵심 표현
주제마다 가장 기본적인 핵심 표현이 어휘의 뜻과 문장 구조 분석을 통해 설명되어 있습니다.
핵심 패턴 부분이 다른 색으로 강조되어 있어 바꿔 말하기 연습이 가능합니다.

회화 연습
주제와 관련된 핵심 회화 2개를 엄선하였습니다. 각 대화는 가장 기본적이고 실생활에서 응용할 수 있는 유용한 표현들로 구성되어 있습니다.
대화문 해석도 있으며 추가적으로 알아야할 문법이나 표현은 참고 에서 정리되어 있습니다.

2부 베트남어로 표현하기

듣기 연습

다양한 듣기 연습 과제를 통해 듣기 능력을
키울 수 있고, 베트남어의 어려운 발음에 익숙해질
수 있도록 단어 발음 연습 및 발음 팁을 제공하고
있습니다.

말하기 연습

상황극, 문장 만들기 연습 등과 같은 과제를
수행함으로써 주제별 주요 어휘와 핵심 표현을
익히고, 말하기 능력을 향상시킬 수 있습니다.
상황극의 경우에는 대화 시작 예시가 있어 대화
에 더 쉽게 도입할 수 있습니다.

쓰기 연습

주요 어휘를 복습할 수 있도록 한-베 어휘
번역 과제가 제공되며, 베트남어 문장
어순을 학습할 수 있도록 문장 다시 쓰기 과제로
구성되었습니다.

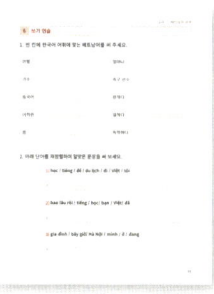

1부

베트남어 이해하기

1과
Bài 1

1부 베트남어 이해하기

베트남어 알파벳 쓰기 및 발음

학습 목표

1 베트남어 형성 과정 이해
2 베트남어 알파벳 익히기
3 베트남어 자음과 모음 발음 익히기

❁ **베트남어는 한국어와 다르다.**

Jinju(진주) 뚜언 씨, 한글은 세종대왕에 의해 만들어졌는데 베트남어는 프랑스 선교사에 의해 만들어졌다면서요?

Tuấn(뚜언) 네, 베트남어는 프랑스 선교사인 알렉상드르 드 로드에 의해 만들어졌어요. 보면 알파벳으로 되어 있잖아요. 로마자의 표기법을 기초로 했기 때문이에요.

1 베트남어는 어떻게 만들어졌을까요?

한국과 비슷하게 베트남어도 한자어권(베트남, 중국, 일본, 한국)에 속해 있는 언어이다. 베트남어 글자가 만들어지기 전에 베트남에서 중국 한자어와 월남 한자어를 병용해서 표기하는 문자체계인 쯔놈(chữ Nôm)을 사용하였다.

그러나 현대 베트남어는 로마자에 성조를 표시하는 즈꾸옥응으(Chữ Quốc Ngữ, 國語 국어)이다. 17세기에 프랑스 선교사 알렉상드르 드 로드(Alexandre de Rhodes)가 로마자 기반으로 베트남어 발음을 알파벳 기호로 표기하였고, 20세기 초에 프랑스 식민지 시절에 베트남 공식 언어로 지정되었다.

베트남어 알파벳

모음				자음				
A a	O o	E e	U u	G g	K k	B b	P p	T t
Ă ă	Ô ô	Ê ê	Ư ư	H h	L l	C c	Q q	V v
Â â	Ơ ơ	I i			M m	D d	R r	X x
		Y y			N n	Đ đ	S s	

베트남어 알파벳은 아래 표와 같이 12개의 단모음과 17개 단자음 총 29개 글자가 있다. 한국어는 10개의 단모음과 14개의 단자음 총 24개 글자가 있고, 베트남어보다 5개 글자가 더 적다. 영어 알파벳과 비교할 때 베트남어는 영어보다 'â, ă, ô, ơ, ê, ư, đ' 등 7개 글자가 더 있는 반면 'w, z'가 포함되지 않다.

2 단모음 발음 연습

1) A / Ă / Â

알파벳	베트남어 발음	한글 표기	발음 특징
A	a	아	'아'와 비슷하게 발음하되, 입을 크게 벌리고 짧게 발음된다.
Ă	á	아	'아'와 비슷하게 발음하되, 음이 '아'보다 더 높다.
Â	â	어	'어'처럼 발음하되, 목소리가 올리면서 발음된다.

연습 1 듣고 따라 해 보세요. 🎧 mp3

- A an am ang
- Ă ăn ăm ăng
- Â ân âm âng

2) O / Ô / Ơ

알파벳	베트남어 발음	한글 표기	발음 특징
O	o	어	'어'와 발음이 같다.
Ô	ô	오	'오'와 비슷한 발음이다.
Ơ	ơ	어	'어'와 '으'의 중간 음으로 발음된다.

연습 2 듣고 따라 해 보세요. 🎧 mp3

- O on om ong
- Ô ôn ôm ông
- Ơ ơn ơm

3) E / Ê

알파벳	베트남어 발음	한글 표기	발음 특징
E	e	애	'애'와 같이 발음하되, '애'보다 입이 작게 벌리며 발음된다.
Ê	ê	에	'에'와 비슷하게 발음된다.

연습 3 듣고 따라 해 보세요. 🎧 mp3

- E en em eng
- Ê ên êm

4) I / Y

알파벳	베트남어 발음	한글 표기	발음 특징
I	i	이	'이'와 발음이 같다.
Y	y	이	'이'와 발음이 같다.

> **연습 4** 듣고 따라 해 보세요. 🎧 mp3
>
> · I in im ing · y yên yết yêu

5) U / Ư

알파벳	베트남어 발음	한글 표기	발음 특징
U	u	우	'우'와 비슷한 발음이지만 입을 동글게 만들고 입술을 내밀며 발음된다.
Ư	ư	으	'으'와 비슷한 발음이다.

> **연습 5** 듣고 따라 해 보세요. 🎧 mp3
>
> · U un um ung · Ư ưn ưm ưng

3 단자음 발음 연습

1) B / C

알파벳	베트남어 발음	한글 표기	발음 특징
B	bờ	ㅂ	'ㅂ'와 발음이 비슷하다.
C	cờ	ㄲ	첫자음으로 'ㄲ'와 발음이 비슷하다.

> **연습 6** 듣고 따라 해 보세요. 🎧 mp3
>
> · Ba bo bô bơ bi be bê bu bư · Ca co cô cơ ci cu cư

2) D / Đ

알파벳	베트남어 발음	한글 표기	발음 특징
D	dờ	ㅈ	'ㅈ'로 표기되지만, 'ㅈ'와 완전히 비슷하게 발음되지 않고 /z/와 발음이 비슷하다.
Đ	đờ	ㄷ	'ㄷ'와 '드'로 표기되지만, 'ㄷ'보다 음이 더 깊이가 있고 발음할 때 혓바닥이 입천장과 마찰시키고 소리를 내야 한다.

> **연습 7** 듣고 따라 해 보세요. 🎧 mp3
>
> · Da do dô dơ di de dê du dư
> · Đa đo đô đơ đi đe đê đu đư

3) G / H / K

알파벳	베트남어 발음	한글 표기	발음 특징
G	gờ	ㄱ	'ㄱ'와 발음이 비슷하다.
H	hờ	ㅎ	'ㅎ'와 비슷하게 발음된다.
K	ca	ㄲ	'ㄲ'과 비슷하게 발음된다.

> **연습 8** 듣고 따라 해 보세요. 🎧 mp3
>
> · ga go gô gơ gi ge gê gu gư   · ha ho hô hơ hi he hê hu hư
> · ke kê ki

4) L / M / N

알파벳	베트남어 발음	한글 표기	발음 특징
L	lờ	ㄹ	'ㄹ' 발음과 비슷하지만, 발음할 때 혀끝이 윗잇몸과 마찰시키면서 발음된다.
M	mờ	ㅁ	'ㅁ'와 비슷하게 발음된다.

> **연습 9** 듣고 따라 해 보세요. 🎧 mp3
>
> · la lo lô lơ li le lê lu lư   · ma mo mô mơ mi me mê mu mư
> · na no nô nơ ne nê ni nu nư

5) Q / R / S

알파벳	베트남어 발음	한글 표기	발음 특징
Q	quờ	ㄲ	단어가 만들어질 때 'u'와 항상 결합하여 'qu' [꾸어]로 발음된다.
R	rờ	ㅈ	'ㄹ' 발음과 비슷하지만 베트남 북부와 남부 등 지역에 따라 발음의 차이가 있다. 본 교재에서는 북부 발음을 기초로 하여 'ㅈ'로 표기한다.
S	sờ	ㅆ	'ㅆ'과 비슷한 발음이다.

> **연습 10** 듣고 따라 해 보세요. 🎧mp3
>
> · qua quơ que quê qui   · ra ro re rê ri ru rư
>
> · sa so sô sơ se sê si su sư

6) T / V / X

알파벳	베트남어 발음	한글 표기	발음 특징
T	tờ	ㄸ	'ㄸ'와 같이 발음된다.
V	vờ	ㅂ	'ㅂ'로 표기되지만 영어 'v'와 같이 발음된다.
X	xờ	ㅅ	'ㅅ'과 비슷하게 발음된다.

> **연습 10** 듣고 따라 해 보세요. 🎧mp3
>
> · ta to tô tơ te tê tu tư   · va vo vô vơ ve vê vi vu vư
>
> · xa xo xô xơ xe xê xi xu xư

4 베트남어 복자음

1) Ch / Tr

알파벳	베트남어 발음	한글 표기	발음 특징
Ch	chờ	ㅉ	'ㅉ'와 비슷하게 발음된다.
Tr	trờ	ㅉ	'ㅉ'와 같이 발음되지만, 'ch'보다 발음 강세가 약간 더 높다. * 북부에서는 'ch'와 'tr' 비슷하게 발음하지만, 남부에서는 'tr'를 'ㅊ'로 발음하는 경향이 있다.

연습 12 듣고 따라 해 보세요. 🎧 mp3

· cha cho chô chơ che chê chi chu chư
· tra tro trô trơ tre trê tri tru trư

2) Gh / Gi

알파벳	베트남어 발음	한글 표기	발음 특징
Gh	ghờ	ㄱ	'ㄱ'와 같이 발음된다.
Gi	gi	ㅈ	'ㅈ'와 같이 발음된다. 북부 발음에서 'd', 'r'와 발음이 비슷하다.

연습 13 듣고 따라 해 보세요. 🎧 mp3

· ghi ghe ghê   · gia gio giô giơ gie giê giu giư gi

3) Ng / Ngh

알파벳	베트남어 발음	한글 표기	발음 특징
Ng	ngờ	응어	첫자음 위치에서 '응어'처럼 발음되며, 끝자음 위치에서 'ㅇ'와 같이 발음된다.
Ngh	ngờ	응어	첫자음에만 위치하고 '응어'로 발음된다.

연습 14 듣고 따라 해 보세요. 🎧 mp3

- nga ngo ngô ngơ ngu ngư
- nghe nghê nghi

4) Nh / Kh

알파벳	베트남어 발음	한글 표기	발음 특징
Nh	nhờ	ㄴ	첫자음에 위치할 때 모음에 따라 'ㄴ' 또는 '니'로 발음된다.
Kh	khờ	ㅋ	'ㅋ'와 비슷한 발음이다.

연습 15 듣고 따라 해 보세요. 🎧 mp3

- cha cho chô chơ che chê chi chu chư
- kha kho khô khơ khe khê khi khu khư

복습 과제

1) 아래 문장 중 맞으면 (O), 틀리면 (X)로 표시해 주세요.

① 베트남어 글자는 베트남인으로 인해 만들어졌다.　　O　X
② 베트남어 글자는 기본적으로 알파벳으로 되어 있다.　　O　X
③ 한국어 단자음은 베트남어 단자음보다 3개 더 많다.　　O　X
④ 베트남어 알파벳은 총 29개 글자가 있다.　　O　X

2) 발음이 비슷한 글자를 연결해 보세요.

1. I　　　　　　　　　a. TR
2. CH　　　　　　　　b. K
3. D　　　　　　　　　c. R
4. C　　　　　　　　　d. NGH
5. NG　　　　　　　　e. Y

3) 따라 써 보세요.

- Ă ⋯⋯ a ă
- Â ⋯⋯ a â
- Đ ⋯⋯ d đ
- Ê ⋯⋯ e ê
- Ô ⋯⋯ o ô
- Ơ ⋯⋯ o ơ
- Ư ⋯⋯ u ư

2과
Bài 2

2과 — 베트남어 음절 특징 및 성조

베트남어 음절 특징 및 성조

학습 목표

1 베트남어 음절 구조 이해
2 베트남어 음절과 한국어 음절 구조 차이 이해
3 베트남어 성조 발음 연습

❀ 베트남어는 한국어와 다르다.

Jinju(진주) 베트남어를 알파벳으로 표기되고 성조가 6개가 있잖아요. 성조가 없는 한국어와 너무 많이 달라서 공부하기가 많이 힘들 것 같아요.

Tuấn(뚜언) 처음에 익숙하지 않아 좀 어렵고 시간이 걸릴 수도 있어요. 오히려 베트남 사람에게 한국어는 '한국어'를 발음할 때 [한구거]로 발음해야 하잖아요. 글자로 보는 것은 소리 나는 것과 서로 달라 나도 한국어 공부를 처음 시작했을 때 많이 어려웠어요. 베트남어는 음절 하나는 한 가지 소리로 발음되어 공부하면 할수록 베트남어가 쉬워질 수도 있어요.

1부 베트남어 이해하기

1 베트남어 음절 구조

베트남어 음절은 기본적으로 자음, 모음, 자음 순으로 나타나고 성조가 포함되어 있다.

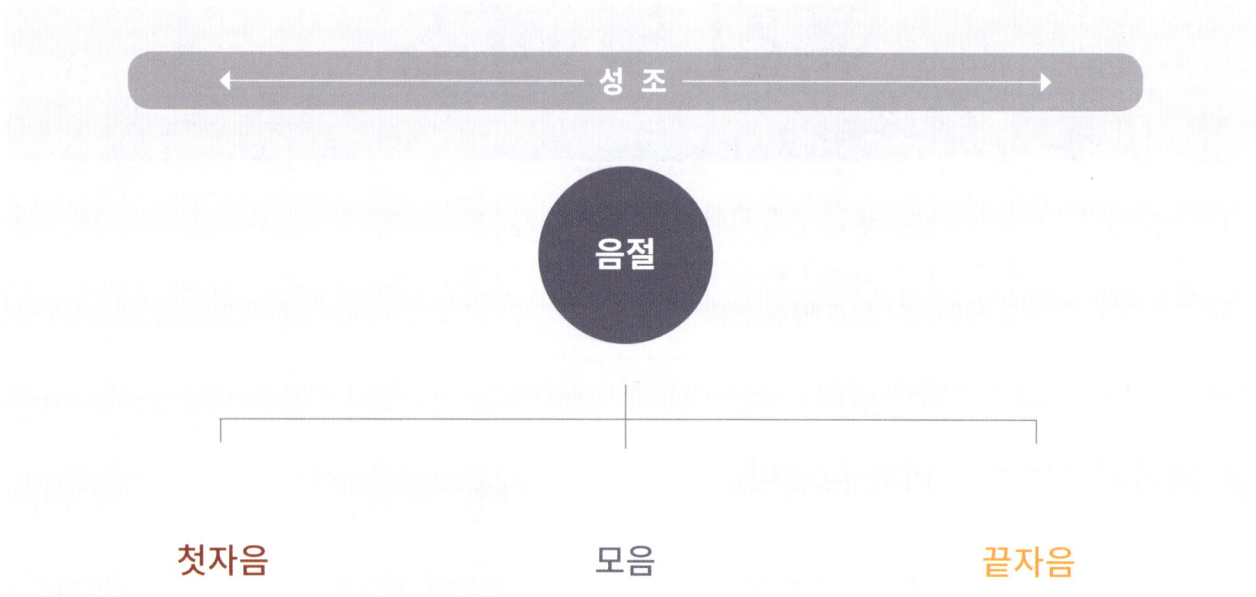

베트남어 음절 예시

자음	모음	자음	성조	음절
-	o	ng		**ong** [벌]
v	iê	t	밑점	**việt** [비엣]
s	a	ch	올라감	**sách** [책]
tr	ươ	ng	내려감	**trường** [학교]

1) 첫자음: 단자음과 복자음[1] 🎧 mp3

25개									
b	c	d	đ	g	gh	gi	h	k	kh	l
m	n	ng	ngh	nh	ph	r	s	t	th	tr
v	x	qu							

음절 첫자음에 올 수 있는 단자음은 15개이고 복자음은 10개로 총 25개가 있다. 베트남어 자음 체계에서 'q'가 포함되어 있지만 'q'는 단독으로 첫자음의 역할을 하지 못하고, 음절에서 'qu' 형태로만 사용되어 이를 복자음으로 포함시켰다.

bà 바 할머니	**cá** 까 물고기	**da** 자 피부	**đá** 다 돌	**ga** 가 역	**ghi** 기 기록	**già** 지아 늙다	**hạ** 하 여름	**ké** 깨 기대다
khá 카 상당히	**lạ** 라 이상하다	**mạ** 마 모	**no** 너 포식하다	**Nga** 응아 러시아	**nghĩ** 응이 생각하다	**nhanh** 냐잉 빠르다	**phở** 퍼 쌀국수	
ra 자 나가다	**số** 쏘 숫자	**tôi** 또이 나	**thư** 트 편지	**trường** 쯔엉 학교	**và** 바 그리고	**xa** 사 멀다	**quá** 꽈 너무	

참고 특정한 자음은 특정한 모음과만 결합이 가능하다.

g + a/ ă/ â/ o/ ô/ ơ/ u/ ư   gh + e/ ê/ i/ y   k + e/ ê/ i/ y

즉, 아래 등과 같은 결합으로 음절이 만들어지지 않는다.
- gi ge gê gy (X)
- gha ghă ghâ gho ghô ghơ ghu ghư (X)
- ka kă kâ ko kô kơ ku kư (X)

[1] 본 교재에서는 단자음과 복자음, 단모음과 복모음으로 구분하여 제시한다. 한 개의 글자를 단자음과 단모음으로 부르고, 두 개 이상의 자음 조합을 복자음, 두 개 이상의 모음 조합을 복모음으로 부른다.

1부 베트남어 이해하기

2) 단모음과 복모음

19개									
a	ă	â	e	ê	i	y	o	ô	ơ
u	ư	ia	iê	yê	ua	uô	ưa	ươ	

음절의 핵심 성분은 모음이며 단모음 12개와 복모음 7개가 있다.
복모음 중에 'ua', 'ưa'를 가진 음절은 끝음이 없고 이외 다른 복모음이 나타난 음절은 끝음이 올 수도 있고 안 올 수도 있다.

lá	ăn	mấy	kem	tên
라	안	머이	갬	뗀
나뭇잎	먹다	몇	아이스크림	이름
ti vi	ký	ngon	ông	lớn
띠비	기	응언	옹	런
티비	사인	맛있다	할아버지	크다
dùng	lưng	kia	tiếng	yêu
중	릉	기아	띠엥	이에우
사용하다	등	그/저	소리	사랑
mùa	uống	lửa	hương	
무아	우옹	르아	흐엉	
계절	마시다	불	향기	

3) 끝자음: 단자음, 복자음 🎧 mp3

8개							
c	ch	m	n	nh	ng	p	t

끝자음 위치에 위의 단자음은 5개과 복자음 3개가 사용된다.

các
깍
여러

cách
까익
방법

làm
람
하다

bốn
본
사

anh
아잉
형/오빠

hàng
항
줄

Pháp
팝
프랑스

tất
떧
양말

참고 **베트남어 소문자와 대문자**

베트남어에는 소문자와 대문자를 구별하여 쓴다. 대문자를 쓰는 일반적인 규칙은 문장 첫음절의 첫글자를 대문자로 쓰는 것이며, 아래와 같은 경우에서 쓴다.

① 문장 부호(./ ?/ !) 뒤에
② 단락이 바뀔 때
③ 사람 이름, 나라 이름, 지역 이름, 기관 이름 등과 같은 고유 명사
④ 직위, 학위 등과 같은 명사
⑤ 인쇄물 이름, 명절, 종교 이름 등

보기 러시아: **Nga** 프랑스: **Pháp** 추석: **Trung Thu** 호치민: **Hồ Chí Minh**
[응아] [팝] [쭝 투] [호 찌 밍]

2. 베트남어 음절 구조와 한국어 음절 구조 비교

베트남어 음절은 베트남어 음절과 같이 첫자음-모음-끝자음으로 구성되어 있으나, 한국어 음절과 달리 성조가 포함되어 있다.

베트남어와 한국어 음절 구조 비교

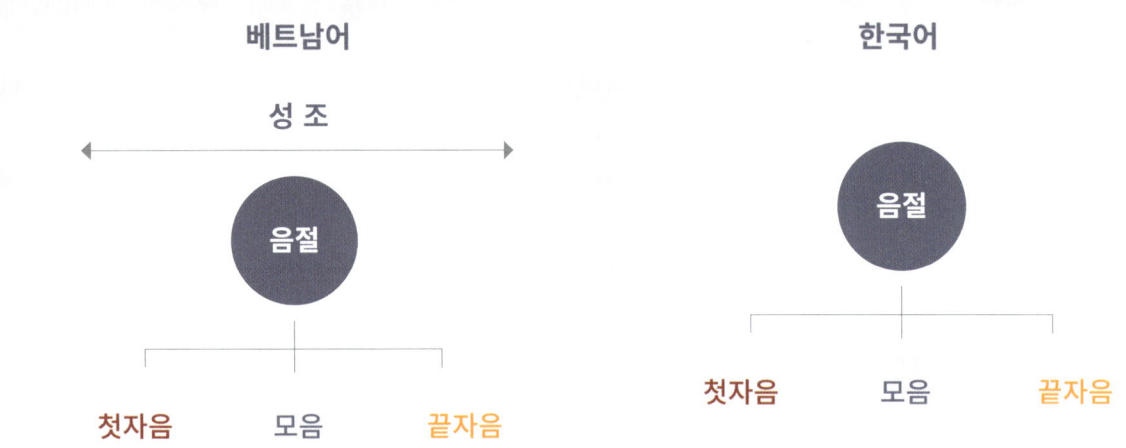

기본적인 구조가 비슷하나, 한국어보다 **베트남어가 더 다양한 음절 구조의 형태가 있다.**
아래 표에서 다양한 단어 예시를 확인할 수 있다.

베트남어와 한국어 음절 구조 예시

음절 구조	베트남어	한국어
단모음-단자음	an [안]	안
단자음-단모음-단자음	Hàn [한]	한
단자음-단모음-복자음	vàng [방]	방
단자음-단모음	na [나]	나
복모음-복자음	uống [우옹]	양
단자음-복모음-단자음	việt [비엣]	(없음)
복자음-복모음-복자음	phương [프엉]	(없음)
복자음-복모음-복자음	nghiêng [응이엥]	(없음)
자음-복모음	hươu [흐어우]	(없음)

> **공부의 팁!**
> 1. 베트남어 음절 구조가 다양하므로 받아쓰기, 다시쓰기 등과 같은 연습이 습관화되면 어휘 암기가 더 수월해진다.
> 2. 글자 하나 하나 띄어서 표기한 것과 같이 베트남어에는 연음이 발달되어 있지 않다. 따라서 **베트남어로 말할 때 단어의 성조와 억양 맞게 음절 하나씩 또박또박** 말해야 자연스러운 발음이 나올 수 있다.
>
> 예 **gia đình.** : 가족
>
> '자딩' 빠르고 음절을 붙여서 말하기보다는 '**자_[쉼]_딩**'으로 음절 하나씩 발음한다.

3　베트남어 성조　

베트남어 음절과 한국어 음절의 가장 큰 차이는 한국어는 성조가 없는 반면 베트남어에는 6개 성조가 필수적이다.

베트남어 성조

성조 이름	보기	특징	단어 예시
Ngang (평평함)	a	한국어보다 음이 더 높으며, 평평하게 발음	ma / ba
Sắc (올라감)	á	음이 길고 점점 올라가는 발음	má / bá
Huyền (내려감)	à	음이 길고 점점 내려가는 발음	mà / bà
Hỏi (물음)	ả	발음이 시작할 때 음이 올라가고 내렸다가 끝에 약간 올라가는 발음	mả / bả
Ngã (물결)	ã	내렸다 길게 올라가며 발음	mã / bã
Nặng (밑점)	ạ	음이 내렸다가 끝에 약간 올라가는 발음	mạ / bạ

음절에서 성조는 모음 위에 또는 모음 밑에 표기한다. 복모음이 나온 음절인 경우에는 두 번째 모음에 위치한다.

보기

연습 활동

1) 듣고 따라 해보세요! 🎧 mp3

ma	má	mà	mả	mã	mạ
han	hán	hàn	hản	hãn	hạn
tha	thá	thà	thả	thã	thạ

2) 듣고 음원에 맞는 단어를 선택하세요. 🎧 mp3

보기   lám   làm ✓

① ha   hà   ⑥ vịnh   vĩnh
② lanh lạnh   ⑦ mải   mãi
③ đa   đã   ⑧ là   lá
④ thao thảo   ⑨ nghỉ   nghĩ
⑤ đung đúng   ⑩ má   mã

3) 아래 단어에 맞는 성조를 써 보세요.

hoi   huyên   nga   săc   năng

3과
Bài 3

베트남어 문장 구조 이해

학습 목표

1 베트남어 문장 구조 이해
2 베트남어 문장 구조와 한국어 문장 구조 비교

✿ 베트남어는 한국어와 다르다.

> **Tuấn(뚜언)** 그래서 베트남어를 공부할 때 어휘부터 암기하고 그 단어가 문장 안에서 어디에 위치하는지 꼭 기억해야 해요. 단어의 위치가 틀리면 틀린 말이 되니까요.

> **Jinju(진주)** 베트남어에는 성조도 있는데다가 '주어-서술-목적어' 어순도 한국어와 많이 다르네요.

1 베트남어 문장 구조

베트남어는 독립어의 특징을 가지고 있다. 단어마다 고유한 뜻을 가지고 있으며, 문장 안에서는 단어의 형태가 변하지 않다. 문장의 주요 성분은 주어, 서술어, 목적어로 기본적인 어순은 다음과 같다.

주어 + 서술어 + 목적어

베트남어 문장 예시

단어 원형: tôi (나), học (공부하다), tiếng Việt (베트남어), nghe (듣다), nhạc (음악).

Tôi học tiếng Việt.	Tôi nghe nhạc.
또이 헉 띠엥 비엣	또이 응애 니악
나 공부하다 베트남어	나 듣다 음악

나는 베트남어를 공부해요.   나는 음악을 들어요.

참고 베트남어에서 동사 하나로도 문장이 될 수 있다.

· **Học bài.** (공부하다)
  [헉   바이]

위 문장을 한국어로 "공부해요./공부하고 있어요./숙제를 해요." 등과 같은 다양한 문장으로 쓸 수 있다.

2 베트남어 문장 구조와 한국어 문장 구조 비교

한국어는 기본적으로 주어·목적어·서술어 순으로 나타난다.

베트남어와 한국어 기본 어순 비교

한국어는 교착어의 특징을 가지고 있어, 주어에 주격조사, 목적어에 목적격조사가 붙고 서술어에 어미가 변형되어야 문장이 만들어질 수 있다. **베트남어에는 한국어의 '은/는, 을/를' 등과 대응할 수 있는 표현이 없다.** 반면에 어순이 문법적 관계를 표시하여 어순이 매우 중요하다. 즉, 문장이 만들어지면 반드시 주어-서술어-목적어 순서로 되어야 한다.

> 보기
>
> Tôi học tiếng Việt (O)
>
> ~~Tôi tiếng Việt học.~~ (X)   ~~Học tiếng Việt tôi.~~ (X)

공부의 팁! 기본적인 어순을 기억하고, 단어마다 문장 안에 어느 곳에 위치하는지를 잘 기억하면 베트남어를 더 쉽게 공부할 수 있다. 시제를 나타낸 허사의 위치를 예를 들어본다.

베트남어에서 시제가 동사 앞에 나온 **허사**로 나타낸다.

과거 (진행 완료)	**현재** (진행 중)	**미래** (진행할 예정)
đã [다]	đang [당]	sẽ [다]

문장에서는 주어와 서술어 사이에 써야 맞는 문장이 되고, 주어 앞이나 서술어 뒤에 쓰면 문법적으로 틀린다.

주어 + 시제 허사 + 서술어 + 목적어

보기

Tôi đang học tiếng Việt
또이 / 당 / 헉 / 띠엥 비엣
나 / ~고 있다 / 공부하다 / 베트남어

나는 베트남어를 공부하고 있어요.

연습 활동

단어를 연결하여 아래 한국어 문장대로 베트남어 문장을 빈 칸에 다시 써 주세요.

1) 베트남어가 어려워요. ....

2) 나는 베트남이 좋아요. ....

3) 하나 씨가 커피를 마셔요. ....

4) 뚜언 씨가 한국어를 공부해요. ....

2부

베트남어 표현하기

2부 베트남어로 표현하기

1과
Bài 1

인사
Xin chào

학습 목표

1 첫인사, 감사 인사
2 이름 소개
3 안부 묻기

❂ **베트남어는 한국어와 다르다.**

Minho(민호)
베트남어는 한국어와 달리 **호칭**을 알아야 자연스럽게 인사할 수 있다면서요?

Hana(하나) 네, 맞아요. 가장 일반적인 인사말은 '**xin chào**'이지만 베트남어에서는 상대방에 따라서 '**chào**'와 그 **호칭**과 함께 사용해서 인사하면 더 자연스러워요.

1 주요 어휘

 mp3

1. 인사와 관련 어휘

베트남어	발음	한국어
xin chào	신 짜어	안녕하세요?
tên	뗀	이름
là	라	이다
gặp	갑	만나다
vui	부이	기쁘다
rất	젓	매우
tạm biệt	땀 비엣	안녕 (헤어질 때)
cám ơn	깜언	감사하다
xin lỗi	씬 로이	죄송하다
khỏe	쾌	건강하다
thầy	테이	남자 선생님
cô	꼬	여자 선생님

'xin'은 한국어로 '청하다, 요구하다'라는 뜻을 가지고 있어요.
그러나 더 쉽게 기억하고 정확하게 사용하려면 '청하다, 요구하다'라는 의미보다 영어의 'please'와 유사한 느낌을 가지고 있는 걸 기억해 보세요. 문장 앞에 오고 예의 바름과 공손함을 표현하는 단어예요.
그리고 '아버지, 어머니'를 남부 지역에서는 대부분 'ba, má'로 부르고, 북부 지역에서는 'bố / mẹ'로 불러요.

2. 가족 호칭 체계

2 핵심 표현

❶ 첫인사

Chào cô
짜어   꼬
안녕하다   선생님(여성)

선생님, 안녕하세요?

- 베트남어로 인사할 때 'Chào + 호칭'을 사용한다. 나와 상대방의 관계에 따라 호칭이 다르므로 호칭 체계를 숙지하고 인사 표현을 연습하는 것이 중요하다.

보기
- 형, 오빠, 나보다 나이가 더 많은 남성분에게: **Chào anh**
  [짜어 아잉]
- 누나, 언니, 나보다 나이가 더 많은 여성분에게: **Chào cô**
  [짜어 꼬]

Rất vui được gặp cô
젓   부이   드억   갑   꼬
매우   기쁘다   되다   만나다   선생님(여성)

만나서 반갑습니다.

- 한국어 문장에서는 호칭을 생략해도 되지만, 베트남어 문장에서는 호칭이 꼭 들어가야 한다.

보기
- 나보다 나이 더 많은 여성분에게: **Rất vui được gặp chị.**
  [젓 부이 드억 갑 찌]

2 핵심 표현

❷ 이름 묻고 답하기

Anh tên là gì?

아잉	뗀	라	지?
형/오빠	이름	이다	무엇

이름이 뭐예요?

- 명사 + '**là gì**'는 '무엇'이란 의미로 어떤 현상, 대상에 대해 물어볼 때 사용하고, 서술어 뒤에 위치한다.

보기
- 나이가 비슷하거나 친구에게: **Bạn tên là gì?** (당신은 이름이 뭐예요?)
  [반 뗀 라 지]

Tôi tên là Tuấn

또이	뗀	라	뚜언
나	이름	이다	뚜언

제 이름은 뚜언이에요.

- 듣는 사람과 나이가 동등하거나, 공식적인 상황에서 일반적으로 자기 자신을 지칭할 때 '**tôi**' [또이]를 많이 사용한다.
- 주어 + **là** + 목적어: '**là gì?**'의 질문에 답할 때 사용하는 문장 형식이다.

보기
- **Tôi tên là Linh.** (제 이름은 링이에요.)
  [또이 뗀 라 링]

2 핵심 표현

❸ 안부 묻기

Anh có khỏe không?
아잉 꺼 쾌 콩?
당신 건강하다

잘 지내세요?

- **khỏe** [쾌]: '건강하다'란 의미이지만 베트남어로 '잘 지내다/잘 있다'라는 의미도 포함되어 있어 이 문장은 '건강하세요?' 보다는 '잘 지내세요?'란 의미로 해석된다.

- 주어 + **có** + 동사/형용사 + **không?**: 어떤 동작이나 특징 등에 대해 물어 볼 때 사용하는 기본 의문문 형식이다. 대답할 때 '**주어 + 동사/형용사 + (목적어)**'로 한다.

보기
- **Bạn có khỏe không?** (잘 지내요?)
  [반 꺼 쾌 콩?]
- **Tôi khỏe.** (잘 지내요.)
  [또이 쾌]

Lâu rồi không gặp anh
러우 조이 콩 갑 아잉
오래 되었다 -지 않다 만나다 당신

안 만난지 오랜만이에요.

- **Không** + 동사/형용사: 어떤 행동이나 상태를 부정할 때 그 동사나 형용사 앞에 '**không**'(아니다/ -지 않다/안)을 사용한다.

보기
- **Lâu rồi không gặp cô.** (선생님, 오랜만이에요.)
  [러우 조이 콩 갑 꼬]

3 회화 연습 🎧 mp3

대화를 듣고 핵심 표현을 찾아 보세요.

❶ 첫인사

(진주는 뚜언의 한국어 선생님이고, 뚜언보다 나이가 더 많다.)

Tuấn
Chào cô.
짜어 꼬.

Jinju
Chào anh. Anh tên là gì?
짜어 아잉. 아잉 뗀 라 지?

Tuấn
Tôi tên là Tuấn.
또이 뗀 라 뚜언.

Jinju
Rất vui được gặp anh.
젇 부이 드억 갑 아잉.

Tuấn
Rất vui được gặp cô.
젇 부이 드억 갑 꼬.

뚜언	선생님, 안녕하세요?
진주	안녕하세요? 이름이 뭐예요?
뚜언	제 이름은 뚜언입니다.
진주	만나서 반가워요.
뚜언	만나서 반갑습니다.

참고

베트남어에서는 대화할 때 상대방과의 관계에 따라 호칭이 달라진다. 상대방이 누구인지, 어떤 호칭을 사용할지 먼저 생각하고 말해 보자.

3 회화 연습

대화를 듣고 핵심 표현을 찾아 보세요.

② 안부 묻기

Minho  **Chào em. Lâu rồi không gặp em.**
짜어 앰 러우 조이 콩 갑 앰.

Linh  **Chào anh. Lâu rồi không gặp anh.**
짜어 아잉 러우 조이 콩 갑 아잉.

Minho **Em có khỏe không?**
앰 꼬 쾌 콩?

Linh **Cám ơn anh. Em khỏe.**
깜 언 아잉 앰 쾌.

민호	안녕하세요? 오랜만이에요.
링	안녕하세요? 오랜만이에요.
민호	잘 지내요?
링	고마워요. 잘 지내고 있어요.

참고

한국어와 달리 베트남어에서는 주어나 대화 참여자가 누군지 명확하게 밝혀야 하고 주어를 생략하지 않는다.

Cám ơn + **호칭**: 누구에게 감사하다고 할 때 사용하는 표현이다. 이 단어가 '**cảm ơn**'으로도 사용된다.

4 듣기 연습　🎧 mp3

1. 듣고 알맞은 단어를 선택하세요.

   1) A. **La**   B. **Là**   C. **Lạ**

   2) A. **Khỏe**   B. **Hỏe**   C. **Quẻ**

   3) A. **Ông**   B. **Ong**   C. **Ôn**

   4) A. **Gặp**   B. **Gấp**   C. **Gắp**

   5) A. **Không**   B. **Khổng**   C. **Khống**

> **발음 연습의 팁!**
>
> **Ong** 발음할 때 [엉]와 비슷하게 발음되지 않다.
> '**ng**'로 마친 음절을 발음할 때 입이 닫혀야 정확한 소리가 날 수 있기 때문이다.

2. 듣고 빈 칸에 알맞은 단어를 넣어 주세요.

   1) Xin chào. Tôi _____ Hương.

      Rất _____ được gặp bạn.

   2) A: Chào _____ .

      B: Lâu rồi mới gặp em. Dạo này em _____ ?

   3) A: Chào _____ .

      B: Chào _____ .

5 말하기 연습

1. 아래 관계에 따라 호칭을 선택해 알맞게 안부 인사를 해 보세요.

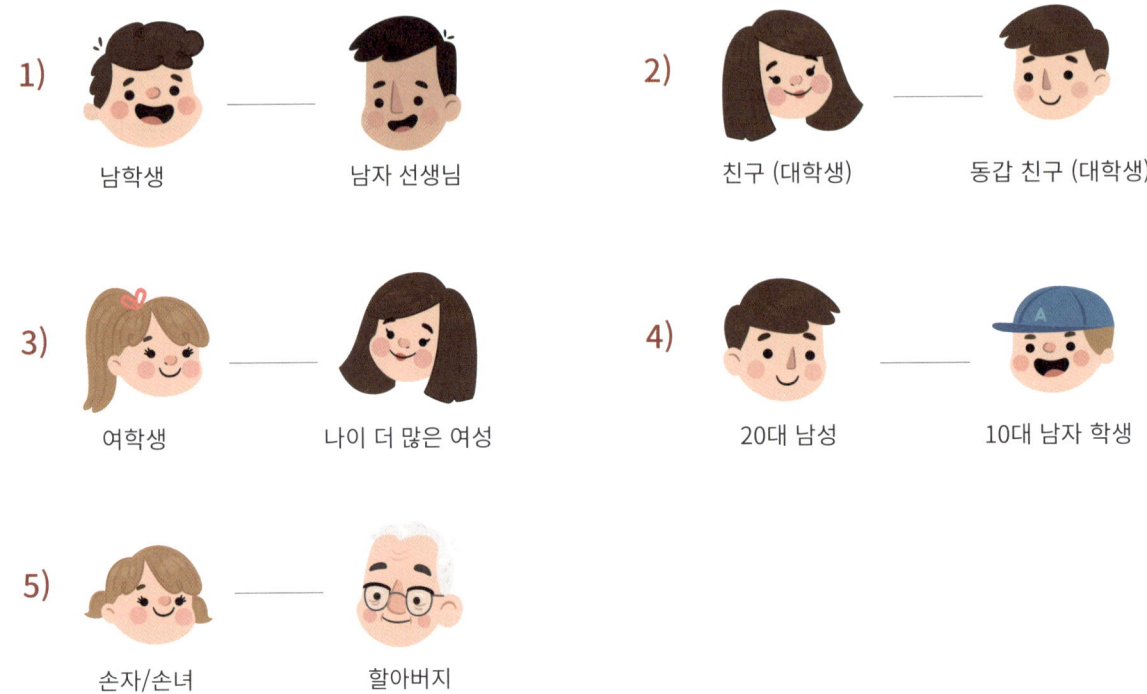

1) 남학생 — 남자 선생님
2) 친구 (대학생) — 동갑 친구 (대학생)
3) 여학생 — 나이 더 많은 여성
4) 20대 남성 — 10대 남자 학생
5) 손자/손녀 — 할아버지

2. 주어진 상황에 따라 친구와 같이 대화를 만들어 보세요.

1) 처음 만나는 친구에게 이름을 물어 보세요.

2) 선생님에게 인사를 해 보세요.

참고

1. 선생님과의 호칭

남자 선생님 **thầy**   여자 선생님 **cô**   본인 지칭 **em / tôi.**

'em'은 여기서 '동생'이라는 뜻이 아니며, 스승과 제자 사이에 사용하는 호칭이다.
그러나 선생님보다 나이가 비슷하거나 더 많을 때 'tôi'라고 지칭해도 무난하다.

2. 친구와의 호칭

나이가 비슷한 젊은 사람들끼리 남녀 구별 없이 호칭을 정하지만 베트남 지역마다 또는 나이대에 따라 호칭이 매우 다양하다. 북부지역에서 주로 '나'를 '**tớ**', '너'를 '**cậu**'로 부른다.

6 쓰기 연습

1. 빈 칸에 한국어 어휘와 맞는 베트남어를 써 주세요.

- 건강하다 ....
- 형 ....
- 할아버지 ....
- 친구 ....
- 아버지 ....
- 이름 ....
- 만나다 ....
- 남자 선생님 ....
- 기쁘다 ....
- 동생 ....

2. 이번 과 내용 중에 아래 단어가 들어간 문장을 찾아서 다시 써 주세요.

1) **tên** (이름) ....

2) **vui** (기쁘다) ....

3) **khỏe** (잘 지내다) ....

4) **cám ơn** (감사하다) ....

5) **lâu** (오래) ....

2부 베트남어로 표현하기

2과
Bài 2

직업
Nghề nghiệp

학습 목표

1 전공에 대해 묻고 답하기
2 직업에 대해 묻고 답하기

❋ 베트남어는 한국어와 다르다.

Hana(하나) 베트남에서 현재 인기 많은 직업이 뭐예요?

Minho(민호) 현재 세계화 및 4차 산업 혁명 시대에서 영어학과 같은 외국어 전공이 인기가 많지만 그보다 IT 전공이 인기가 더 높아요. 대학 전공을 선택할 때 IT를 선호하는 고등학생이 점점 많아지고 있대요.

1 주요 어휘

1. 전공과 관련된 어휘

giáo viên [쟈어 비엔]
교사

nhà thiết kế [냐 티엣 께]
디자이너

nhân viên công ty
[넌 비엔 꽁 띠]
회사원

bác sỹ [박 씨]
의사

nhà báo [냐 바어]
기자

베트남어	발음	한국어
sinh viên	씽 비엔	대학생
giáo sư	쟈어 쓰	교수
giảng viên	지앙 비엔	강사
kỹ sư	끼 쓰	기술자
nội trợ	노이 쩌	주부

2. 대학 전공 및 일과 관련된 어휘

베트남어	발음	한국어
trường đại học	쯔엉 다이 헉	대학교
tiếng Anh	띠엥 아잉	영어
ngoại ngữ	응오아이 응으	외국어
kinh tế	낑 떼	경제
xây dựng	쎄이 증	건설
luật	루얻	법
làm việc	람 비엑	일하다

2 핵심 표현

❶ 전공 묻고 답하기

Bạn học chuyên ngành gì?
반	헉	쭈엔	응아잉	지?
당신	**공부하다**		**전공**	**무엇?**

전공이 뭐예요?

- **명사/동사 + gì**: '무엇/무슨'과 같은 의미로 무슨 사물, 사건, 현상인지 물어볼 때 사용하는 의문문 형식이다.

보기
- 나이가 더 많은 남성에게: **Anh học chuyên ngành gì?** (무슨 전공으로 공부해요?)
  [아잉 헉 쭈엔 응아잉 지?]

Tôi học chuyên ngành kinh tế
또이	헉	주엔	응아잉	낑	떼
나	**공부하다**		**전공**		**경제**

저는 경제를 전공해요.

- **주어 + học chuyên ngành + <전공 이름>**: 전공을 소개할 때 사용하는 문장 형식이다.

보기
- **Anh học chuyên ngành xây dựng.** (난 건설을 전공해요.)
  [아잉 헉 쭈엔 응아잉 서이 증]

2 핵심 표현

❷ 학교 묻고 답하기

Bạn học trường nào?
반	헉	쯔엉	나어
당신	**공부하다**	**학교**	**무슨/어느**

어느 학교에서 공부해요?

- **명사 + nào**: 'nào'는 '어느/어떤'과 같은 의미를 가진 의문사이다. 보통 의문문 끝에 위치한다.

보기
- 나이가 더 많은 여성에게: **Chị học trường nào?**
  [찌 헉 쯔엉 나어?]

Tôi học trường đại học Kinh tế
또이	헉	쯔엉	다이 헉	낑 떼
나	**공부**	**학교**	**대학**	**경제**

경제 대학교에서 공부해요.

- 무슨 대학에서 공부하는지에 대해 말할 때 사용하는 표현이다. 대학 이름은 고유 명사라 첫글자를 대문자로 써야 하는 것을 유의해야 한다.

보기
- **Chị học trường đại học Ngoại ngữ.** (외국어 대학교에서 공부해요.)
  [찌 헉 쯔엉 다이 헉 응오아이 응으]

2 핵심 표현

❸ 직업 묻고 답하기

Bạn làm nghề gì?
반	람	응에	지
당신	하다	직업	무엇

직업이 뭐예요?

- **주어 + làm nghề gì?**: 직업에 대해 물어보는 표현이다.

보기
- 나이가 더 많은 남성에게: **Anh làm nghề gì?**
  [아잉 람 응에 지?]

Tôi là giảng viên
또이	라	지앙	비엔
주어	이다		강사

나는 강사예요.

- '**주어 + là + <직업 이름>**': 직업을 소개할 때 사용하는 표현이다.
  '**gì**'(무엇)이라는 질문에 답할 때 '**주어 + là + 목적어**'를 사용한다.

보기
- **Anh là nhân viên công ty.** (나는 회사원이에요.)
  [아잉 라 년 비엔 꽁 띠]
- **Chị là giáo viên.** (나는 교사예요.)
  [찌 라 쟈어 비엔]

2과 — 직업

3 회화 연습

대화를 듣고 핵심 표현을 찾아 보세요.

❶ 전공 묻고 답하기

Minho  **Bạn học chuyên ngành gì?**
반 헉 쭈엔 응아잉 지?

Linh **Tôi học chuyên ngành kinh tế.**
또이 헉 쭈엔 응아잉 낑 떼.

Minho  **Thế, bạn học trường nào?**
테, 반 헉 쯔엉 나어?

Linh  **Tôi học trường đại học Quốc gia.**
또이 헉 쯔엉 다이 헉 꿕 지아.

민호 전공이 뭐예요?
링   경제를 전공해요.
민호 그럼 어느 학교에서 공부해요?
링   국립 대학교에서 공부해요.

참고

Thế: 대화 중에, 다른 주제로 전환하고 싶을 때 사용하는 표현이다. 문장 맨 앞에 위치하며, 쓸 때 쉼표를 찍어야 하고 발음할 때 약간 길게 발음하는 것이 더 자연스럽다.

2부 베트남어로 표현하기

3 회화 연습

대화를 듣고 핵심 표현을 찾아 보세요.

❷ 직업 묻고 답하기

Long
Chị làm nghề gì?
찌 람 응에 지?

Jinju
Tôi là giảng viên. Còn anh?
또이 라 지앙 비엔. 껀 아잉?

Long
Tôi là nhân viên công ty.
또이 라 니언 비엔 꽁 띠.

Jinju
Rất vui được gặp anh.
젓 부이 드억 갑 아잉.

Long
Rất vui được gặp chị.
젓 부이 드억 갑 찌.

렁	직업이 뭐예요?
진주	강사예요. 당신은요?
렁	회사원이에요
진주	만나서 반가워요.
렁	만나서 반가워요.

참고

Còn + 2인칭: 대화 중에서 자신과 같은 내용의 질문을 상대방에게 묻고 싶을 때 사용한다. 한국어로 '-는요'와 의미가 같다.

2과 — 직업

4 듣기 연습 🎧 mp3

1. 듣고 알맞은 단어를 선택하세요.

1) A. giảng viên   B. giản viên   C. giảng viêng

2) A. việc   B. việt   C. viếch

3) A. học   B. hóc   C. hót

4) A. trườn   B. trường   C. trừng

5) A. thiết   B. thiếc   C. tiết

2. 듣고 빈 칸에 알맞은 단어를 넣어 주세요.

1) Anh Hải là _____ .

2) Hoa là _____ . Hoa học trường đại học Ngoại ngữ.

3) Anh Thắng là _____ .

4) Hương học chuyên ngành _____ , đại học Luật Hà Nội.

5) Phong học chuyên ngành _____ .

5 말하기 연습

1. 파트너와 함께 아래 대화를 이어서 이름을 소개하고 직업이나 전공을 묻는 대화를 만들어 보세요.

Chào cậu. Tớ tên là …

Chào cậu. Rất vui được gặp cậu. Tớ tên là …

2. 아래 빈 칸에 내용을 채워 자기소개 해 보세요.

1) Xin chào. Tôi tên là _____ .

   Tôi là _____ .

   Tôi học trường _____

   Rất vui được gặp các bạn.

2) Xin chào. Tôi tên là _____

   Tôi là _____

6 쓰기 연습

1. 빈 칸에 한국어 어휘와 맞는 베트남어를 써 주세요.

- 기자 ....
- 공부하다 ....
- 교수 ....
- 회사원 ....
- 기술자 ....
- 하노이 ....
- 경제 ....
- 법 ....
- 대학교 ....
- 주부 ....

2. 오른 쪽에 있는 단어와 왼 쪽에 있는 단어를 연결해서 맞는 표현으로 만들어 보세요.

1) **chuyên**	a. **ngữ**
2) **ngoại**	b. **học**
3) **nhân viên**	c. **dựng**
4) **đại**	d. **ngành**
5) **xây**	e. **công ty**

3. 아래 문장 중에 틀린 문장을 선택해서 수정해 보세요.

a. **Tôi học chuyên ngành kinh tế.**
b. **Tôi học Hàn Quốc trường đại học.**
c. **Chị làm nghề gì?**

▸ ....

3과
Bài 3

2부 베트남어로 표현하기

가족
Gia đình

학습 목표

1 가족에 대해 묻고 답하기
2 가족 소개하기
3 가족 외모와 성격 묘사하기

❋ 베트남어는 한국어와 다르다.

Jinju(진주) 한국에서 처음 만날 때 여자에게 결혼 여부에 대해 물어보면 무례하지 않은데, 베트남에서도 그래요?

Tuấn(뚜언) 그것은 개인차이지만 베트남에서는 처음 만날 때 여자 친구 또는 남자 친구가 있는지 없는지, 결혼했는지 안 했는지 조심스럽게 물어보는 것이 일상적이에요. 서로의 관심을 표현하는 것이지요.

1 주요 어휘

1. 가족과 관련된 어휘

베트남어	발음	한국어
bạn trai	반 짜이	남자 친구
bạn gái	반 가이	여자 친구
kết hôn	껫 혼	결혼/결혼하다
vợ	버	아내
chồng	쫑	남편
con trai	껀 짜이	아들
con gái	껀 가이	딸

2. 성격, 외모와 관련된 어휘

베트남어	발음	한국어
cao	까어	키가 크다
thấp	탑	키가 작다
gầy	거이	날씬하다
béo	배어	통통하다
xinh	싱	예쁘다
đẹp trai	댑 짜이	잘생기다
vui tính	부이 띵	유머 감각이 있다/재미있다
thông minh	통 밍	영리하다/똑똑하다
hiền	히엔	착하다
dễ tính	제 띵	온화하다
khó tính	커 띵	까다롭다
dễ thương	제 트엉	귀엽다

2 핵심 표현

❶ 결혼 여부 묻고 답하기

Anh đã kết hôn chưa?

아잉	다	껫 혼	쯔아?
형/오빠	**<과거>**	**결혼하다**	

결혼했어요?

- **đã**: 과거에 어떤 행동이 완료되었음을 표현하는 허사다. 문장에서 서술어 바로 앞에 위치한다.
- **chưa**: '아직', '여전히 ~ 않다'와 같은 의미로 말하는 시점에서 어떤 행동이나 사건이 아직 일어나지 않음을 표현한다. 의문문에서 문장 마지막 자리에 위치하며, 평서문에서 서술어 바로 앞에 위치한다.

보기
- **Anh đã ăn cơm chưa?** (밥을 먹었어요?)
  [아잉 다 안 껌 쯔아?]

Tôi đã kết hôn rồi

또이	다	껫 혼	조이
나	**<과거>**	**결혼하다**	

결혼했어요.

Tôi chưa kết hôn

또이	쯔아	껫 혼
나	**아직**	**결혼하다**

결혼하지 않았어요.

- **rồi**: 말하는 시점에서 어떤 행동이나 사건이 일어났음을 표현한다. 보통 'chưa'로 끝낸 질문에 대답할 때 사용한다. 평서문에서 문장 마지막 자리에 위치한다.

보기
- **Tôi ăn cơm rồi.** (밥을 먹었어요.)
  [또이 안 껌 조이]

2 핵심 표현

❷ 가족에 대해 묻고 답하기

Gia đình anh sống ở đâu?

지아 딩	아잉	쏭	어 더우
가족	당신	살다	어디

가족이 어디서 살아요?

· **ở đâu?** : '어디'란 의문사로, 장소에 대해 물어볼 때 사용하며, 의문문 끝에 위치한다.

보기 · **Anh làm việc ở đâu?** (어디서 일해요?)
[아잉 람 비엑 어 더우]

Gia đình tôi sống ở Hà Nội

지아 딩	또이	쏭	어	하 노이
가족	또이	살다	에서	하노이

우리 가족은 하노이에서 살아요.

· **ở**: 장소 앞에 나타나는 부사이다.

보기 · **Tôi làm việc ở công ty Hàn Quốc.** (한국 회사에서 일해요.)
[또이 람 비엑 어 꽁 띠 한 꿕]

2 핵심 표현

❸ 성격, 외모 묻고 답하기

Con gái anh thế nào?
껀 가이 아잉 테 나어
딸 **당신** **어때**

딸이 어때요?

- **명사 + thế nào?**: '어떻습니까?/어때요?'와 같은 의문사로, 어떤 성질이나 형편에 대해 물어볼 때 사용하는 의문문 형식이다.

보기
- **Em trai anh thế nào?** (남동생이 어때요?)
  [앰 짜이 아잉 테 나어]

Con gái tôi hiền và rất dễ thương
껀 가이 또이 히엔 바 젇 제 트엉
딸 **당신** **착하다** **그리고** **매우** **귀엽다**

우리 딸이 매우 귀여워요.

- **rất**: '아주/매우/정말'과 비슷한 의미로 일반 정도보다 더 높은 정도를 표시하고 'rất + 형용사'로 사용된다.
- **và**: 두 개 비슷한 사물, 현상, 과정, 성질, 행동 등을 서술할 때 사용한다. '그리고/-고/-와/과'와 대응할 수 있다.

보기
- **Em trai tôi rất thông minh.** (남동생이 매우 똑똑해요.)
  [앰 짜이 또이 젇 통 밍]

3과 — 가족

3 회화 연습 🎧 mp3

대화를 듣고 핵심 표현을 찾아 보세요.

❶ 결혼 여부 묻고 답하기

Minho

Anh đã kết hôn chưa?
아잉 따 껫 혼 쯔아?

Long

Anh kết hôn rồi. Còn em?
아잉 껫 혼 조이. 껀 앰.

Em có bạn gái chưa?
앰 꺼 반 가이 쯔아?

Minho

Vâng. Em có bạn gái rồi ạ.
벙 앰 꺼 반 가이 조이 아.

민호	결혼하셨어요?
렁	결혼했어요. 민호는요?
	여자 친구가 있어요?
민호	네. 여자 친구가 있어요.

> **참고**
>
> **vâng**: 손아랫사람이 손윗사람에게 말을 할 때 '네'와 같이 공손성을 표현한다.
>
> **ạ**: 문장 끝에 붙이면 공손성을 표현할 수 있다.

3 회화 연습

대화를 듣고 핵심 표현을 찾아 보세요.

❷ 가족 소개하기

Jinju: **Anh Long, gia đình anh sống ở đâu?**
아잉 렁, 지아 띵 아잉 쏭 어 더우?

Long: **Gia đình tôi sống ở Hà Nội.**
지아 띵 또이 쏭 어 하 노이.

Jinju: **Con gái anh thế nào?**
껀 가이 아잉 테 나어?

Long: **Con gái tôi rất dễ thương.**
껀 가이 또이 젓 제 트엉.

진주: 렁 씨, 렁 씨의 가족이 어디서 살아요?
렁: 우리 가족은 하노이에 있어요.
진주: 딸이 어때요?
렁: 우리 딸이 매우 귀여워요.

참고

가족 관계에서 한국어에는 '**우리 딸, 우리 엄마**' 등과 같이 '**우리**'를 보편적으로 사용하지만 베트남어에는 보통 '**내 가족, 내 아들**'로 사용한다.

4 듣기 연습 🎧 mp3

1. 듣고 알맞은 단어를 선택하세요.

   1) A. bạn   B. ban   C. bán

   2) A. gia   B. giá   C. giả

   3) A. thương   B. thưởng   C. thường

   4) A. đinh   B. đỉnh   C. đính

   5) A. hải   B. hại   C. hài

2. 듣고 빈 칸에 알맞은 단어를 넣어 주세요.

   1) Tôi là Hương. Tôi _____ kết hôn.

   2) Con trai tôi _____ và đẹp trai.

   3) Anh trai tôi _____ và rất vui tính.

   4) Gia đình tôi sống ở _____.

   5) Chị gái tôi _____ và rất thông minh.

5 말하기 연습

1. 파트너와 함께 아래 대화에 이어지는 말을 만들어서 대화 연습해 보세요.

Gia đình bạn sống ở đâu?

Gia đình tôi …

2. 아래 보기와 같이 가족에 대해 소개해 보세요.

보기

Chào các bạn. Tôi tên là Tuấn.

Tôi có chị gái và em trai.

Chị gái tôi cao và vui tính.

Em trai tôi rất dễ thương.

6 쓰기 연습

1. 빈 칸에 한국어 어휘와 맞는 베트남어를 써 주세요.

- ▸ 딸 ....
- ▸ 아들 ....
- ▸ 누나 ....
- ▸ 남동생 ....
- ▸ 여동생 ....

- ▸ 가족 ....
- ▸ 잘생겼다 ....
- ▸ 재미있다 ....
- ▸ 결혼하다 ....
- ▸ 똑똑하다 ....

2. 오른 쪽에 있는 단어와 왼 쪽에 있는 단어를 연결해서 맞는 표현으로 만들어 보세요.

1) béo   a. thấp
2) cao   b. khó tính
3) dễ tính   c. gầy

3. 순서를 바꿔서 맞는 문장으로 만들어 보세요.

1) gái / hiền / dễ thương / và / em. ▸ ....

2) ở / sống / gia đình / Hà Nội / tôi. ▸ ....

3) anh trai / tôi / thông minh / vui tính / và. ▸ ....

2부 베트남어로 표현하기

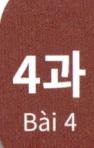

4과
Bài 4

생일
Sinh nhật

학습 목표
1. 나이 묻고 답하기
2. 생일 묻고 답하기

 베트남어는 한국어와 다르다.

Minho(민호) 한국과 같이 베트남에서도 처음 만날 때 나이를 물어보는 것이 보편적이에요. 나이에 따라 호칭을 정하고 부르지요.

Hana(하나) 베트남에서는 처음 만날 때 나이를 물어 볼 수 있어요?

4과 — 생일

1 주요 어휘 🎧 mp3

1. 숫자

 không [콩]
 một [몯]
 hai [하이]
 ba [바]

 bốn [본]
 năm [남]
 sáu [싸우]
 bảy [바이]

 tám [땀]
 chín [찐]
 mười [므어이]
 mười một [므어이 몯]

 mười hai [므어이 하이]
 mười ba [므어이 바]
 mười bốn [므어이 본]
 mười lăm [므어이 람]

 mười sáu [므어이 싸우]
 mười bảy [므어이 바이]
 mười tám [므어이 땀]
 mười chín [므어이 찐]

 hai mươi [하이 므어이]
 hai mươi mốt [하이 므어이 몯]
 hai mươi tư [하이 므어이 뜨]
 hai mươi lăm [하이 므어이]

 ba mươi [바 므어이]
 một trăm [몯 짬]
 một nghìn [몯 응인]
hai nghìn [하이 응인]

63

1 주요 어휘

2. 날짜

베트남어	발음	한국어
sinh nhật	씽 녓	생일
ngày	응아이	날
tháng	탕	월
năm	남	년
sinh	씽	태어나다
năm nay	남 나이	올해
tuổi	뚜오이	나이/ 살
ngày mai	응아이 마이	내일

질문 1 베트남어로 날짜 어떻게 표현할 수 있나요?

$$\textbf{Ngày} + (숫자) + \textbf{tháng} + (숫자) + \textbf{năm}$$

보기 · 2018년 8월 19일: **Ngày 19 tháng 8 năm 2018**

질문 2 2009, 2018 어떻게 읽을 수 있나요?

2009: hai nghìn **không** trăm **linh** chín
2018: hai nghìn **không** trăm mười tám

공부의 팁! **0**이란 숫자

· 백 단위일 때: **không**으로 표현
· 십 단위일 때: **linh**(링) 또는 **lẻ**(래)로 표현

2 핵심 표현

❶ 나이 묻고 답하기

Năm nay anh bao nhiêu tuổi?

남	나이	아잉	바오 니에우	뚜오이?
올해		당신	얼마	살

올해 몇 살이에요?

- **Bao nhiêu**: '몇/얼마'와 같은 의미로 수량이나 양에 대해 물을 때 사용하는 의문사이다. 일반적으로 'bao nhiêu + 종별사'로 사용한다.
- **Bao nhiêu**와 **mấy**의 구별: **Mấy**: 0 이하의 수나 양일 때 사용
  Bao nhiêu: 10 이상의 수나 양일 때 사용

보기 · **Năm nay cháu mấy tuổi?** (올해 몇 살이에요?)
  [남   나이 짜우 메이 뚜오이]

Năm nay tôi ba mươi tư tuổi

남	나이	또이	바	므어이	뜨	뚜오이
올해		나		서른 넷		살

올해 서른 네 살이에요.

- 나이에 대한 질문에 답할 때 '**năm nay**'(올해)를 생략해도 된다.

보기 · **Năm nay cháu mười tuổi.** (올해 10살이에요.)
  [남   나이 짜우 므어이 뚜오이]

2부 베트남어로 표현하기

2 핵심 표현

② 생일 묻고 답하기

Sinh nhật của anh là ngày bao nhiêu?

씽	넛	꾸아	아잉	라	응아이	바오 니에우?
생일		'의'	당신	이다	일	몇/얼마

생일이 몇일이에요?

- **ngày bao nhiêu**: '몇일이에요'와 같은 의미로 날짜를 물어볼 때 사용하고, 의문문 끝에 위치한다.
- **của**: 소유격 조사로서 명사와 명사 사이에 위치한다. 가족관계와 같이 당연하고 누구나 알고 있는 소유 관계라면 'của'를 생략해도 된다.
  - 생략할 수 없는 경우: 나의 책: **sách của tôi**   아버지의 지갑: **ví của bố**
  - 생략할 수 있는 경우: 나의 엄마: **mẹ của tôi / mẹ tôi**

Ngày một tháng hai năm 1985

응아이	못	탕	하이	남	1985
일	일	월	이	년	1985

1985년 2월 1일이에요.

- 년생 부분을 말할 때 '**năm một nghìn chín trăm tám mươi lăm**'과 같이 전체를 다 말할 수 있지만 보통 대화할 때 '**năm tám mươi lăm**'과 같이 간편하게 줄여서 말할 수 있다.

4과 — 생일

3 회화 연습

대화를 듣고 핵심 표현을 찾아 보세요.

❶ 나이 묻고 답하기

Hana

Chào anh. Em tên là Hana.
짜오 아잉. 앰 뗀 라 하나.

Long

Chào em. Rất vui được gặp em.
짜오 앰. 젓 부이 뜨억 갑 앰.

Năm nay em bao nhiêu tuổi?
남 나이 앰 바오 니에우 뚜오이?

Hana

Dạ. Hai mươi lăm tuổi ạ.
자. 하이 므어이 람 뚜오이 아.

Em cũng rất vui được gặp anh.
앰 꿍 젓 부이 뜨억 갑 아잉.

하나 　안녕하세요? 하나예요.
롱 　안녕하세요? 만나서 반갑습니다.
　　　나이가 어떻게 되세요?
하나 　네. 올해 25살입니다.
　　　저도 만나서 반갑습니다.

참고

cũng: '-도'와 같은 의미로 앞에 나와 있는 현상, 상태, 활동, 성질과 비슷할 때 동사 앞에 사용한다.

ạ: '네'와 같은 의미로 손아랫사람이 손윗사람에게 공손을 표현하면서 대화할 때 사용한다.

3 회화 연습 🎧 mp3

대화를 듣고 핵심 표현을 찾아 보세요.

❷ 생일 묻고 답하기

Minho

Chị Jinju,
찌 진주,

sinh nhật của chị là ngày bao nhiêu?
씽 녓 꿔 찌 라 응아이 바오 니에우?

Jinju

Ngày mai là sinh nhật chị.
응아이 마이 라 씽 녓 찌.

Ngày 5 tháng 3. Còn Minho?
응아이 남 탕 바. 껀 민호?

Minho

Chúc mừng sinh nhật chị.
쭉 믕 씽 녓 찌.

Sinh nhật của em là ngày 20 tháng tư.
씽 녓 꿔 앰 라 응아이 하이므어이 탕 뜨.

Jinju

Cảm ơn em.
깜 언 앰.

민호	진주 누나, 생일이 몇 일이에요?
진주	내일은 내 생일이에요. 3월 5일, 민호는요?
민호	생일 축하해요. 제 생일은 4월 20일이에요.
진주	고마워요.

참고

chúc mừng + 명사:
'축하하다'란 의미로 기쁜 일이 있을 때 상대방에게 말한다.

보기 졸업 축하해요:
Chúc mừng tốt nghiệp.
[쭉 믕 똣 응이엡]

4 듣기 연습 🎧 mp3

1. 듣고 알맞은 숫자를 써 주세요.

1) _____   6) _____

2) _____   7) _____

3) _____   8) _____

4) _____   9) _____

5) _____   10) _____

2. 듣고 친구 이름과 생일을 알맞게 연결해 보세요.

Long   ngày 6 tháng 6

Lan   ngày 1 tháng 10

Yến   ngày 25 tháng 12

Hùng   16 tháng 9

Linh   28 tháng 4

발음의 팁

일/날짜: **ngày** [응아이] (O)   **nghày** (X)

듣다: **nghe** [응애] (O)   **nge** (X)

'ng'와 'ngh'는 결합할 수 있는 모음이 다르다.

ng + a/ă/â/o/ô/ơ/u/ư   **ngh** + e/ê/i

'ng'와 'ngh'는 발음이 비슷하다. 한글로 [응어]로 표기되지만, 발음할 때 '응' 발음을 소리를 내지 않고 '응' 발을할 때처럼 입 모양이 준비되어 있는 상태에서 '응'를 아주 작게 발음 하면서 천천히 '어' 소리를 크게 내어 연습하는 것이 좋다.

5 말하기 연습

1. 한 명은 Việt을 하고, 한 명은 Minh을 하여 아래 정보에 따라 나이와 생일을 물어보세요.

Sinh nhật: ngày 16 tháng 9 năm 1990.

Sinh nhật: ngày 2 tháng 10 năm 1988.

Minh
28 tuổi

Việt
30 tuổi

2. 기자가 되어 아래와 같은 질문으로 두 명에게 물어보고 정보를 수집해 보세요.

질문 예시

- Tên bạn là gì?
- Năm nay bạn bao nhiêu tuổi?
- Sinh nhật của bạn là ngày bao nhiêu?

▸ **Tên:**

▸ **Tên:**

▸ **Tuổi:**

▸ **Tuổi:**

▸ **Sinh nhật:**

▸ **Sinh nhật:**

6 쓰기 연습

1. 빈 칸에 한국어 어휘와 맞는 베트남어를 써 주세요.

▸ 나이 .... ▸ 축하 ....

▸ 생일 .... ▸ 졸업 ....

▸ 일 .... ▸ 내일 ....

▸ 월 .... ▸ 친구의 책 ....

▸ 년 .... ▸ 나의 남동생 ....

2. 아래 단어를 재정렬하여 알맞은 문장을 써 보세요.

1) **bao nhiêu / tuổi / em / năm nay?**

   ▸ ....

2) **chị / ngày mai / sinh nhật / là.**

   ▸ ....

3) **chị / sinh nhật / chúc mừng.**

   ▸ ....

2부 베트남어로 표현하기

5과
Bài 5

취미
Sở thích

학습 목표

1 취미에 대해 묻고 답하기
2 시간이 있을 때 하는 활동에 대해 묻고 답하기

❖ 베트남어는 한국어와 다르다.

> **Hana(하나)** 뚜언 씨, 스포츠 이름은 축구, 야구, 탁구 등 같은 '**구**'로 끝나서 쉽게 기억할 수 있지요?

> **Tuấn(뚜언)** 맞아요. 이런 점은 베트남어와 비슷하네요. '**bóng đá**: 축구, **bóng chày**: 야구, **bóng bàn**: 탁구' 등과 같이 '**bóng**'(공)으로 시작해서 공부하기가 쉬울 거예요.

1 주요 어휘

1. 취미

đọc sách [덕 싸익]
독서

xem phim [샘 핌]
영화 보기

nghe nhạc [응애 니악]
음악 듣기

nấu ăn [너우 안]
요리하기

chơi game [쩌이 게임]
게임하기

leo núi [래어 누이]
등산하기

mua sắm [무아 쌈]
쇼핑하기

đi xe đạp [디 새 답]
자전거 타기

베트남어	발음	한국어
rảnh	자잉	한가하다
thời gian	터이 지안	시간
cuối tuần	꾸오이 뚜언	주말
thư viện	트 비엔	도서관
đi	디	가다
cà phê	까 페	커피
quán cà phê	꽌 까 페	카페
rạp chiếu phim	잡 찌에우 핌	영화관

2 핵심 표현

❶ 취미 묻고 답하기

Sở thích của anh là gì?
써 틱 꾸아 아잉 라 지
취미 '의' 당신 이다 무엇

취미가 뭐예요?

- 취미에 대해 물어볼 때 사용하는 의문문 형식이다. 이 표현에서 'của'를 생략할 수 없다. ('của'의 의미는 68페이지에 참조)

보기
- **Sở thích của chị là gì?** (취미가 뭐예요?)
  [써 틱 꾸아 찌 라 지?]

Sở thích của tôi là đọc sách
써 틱 꾸아 또이 라 덕 씨악
취미 '의' 나 이다 독서

제 취미는 독서예요.

- 취미에 대해 말하고 싶을 때 사용하는 표현 문형이다.

보기
- **Sở thích của chị là mua sắm.** (제 취미는 쇼핑이에요.)
  [써 틱 꾸어 찌 라 무아 쌈]

2 핵심 표현

❷ 좋아하는 것 묻고 답하기

Anh có thích cà phê không?
아잉 꺼 틱 까 페 콩?
당신   좋아하다 커피

커피를 좋아해요?

- **Có + thích + 명사 + không?**: 무엇을 좋아하는지 좋아하지 않는지에 대해 물을 때 사용한다.

보기 · Chị có thích xem phim không? (영화 보는 것을 좋아해요?)
      [찌 꺼 틱 샘 핌 콩]

Tôi thích cà phê
또이 틱 까 페
나   좋다 커피

커피를 좋아해요.

- **주어 + thích + 명사**: 어떤 것이나 행동을 좋아한다고 표현할 때 사용하는 표현이다.

보기 · Tôi thích xem phim. (영화 보는 것을 좋아해요.)
      [또이 틱 샘 핌]

Tôi không thích cà phê
또이   콩   틱   까 페
나   -지 않다 좋다 커피

커피를 좋아하지 않아요.

- **không + 동사/형용사**: 어떤 행동이나 상태 등을 부정하고 싶을 때, 그 동사나 형용사 앞에 'không'을 사용한다.

보기 · Tôi không thích xem phim. (영화 보는 것을 좋아하지 않아요.)
      [또이 콩 틱 샘 핌]

2 핵심 표현

❸ 여가 활동 묻고 답하기

Khi rảnh anh thường làm gì?

키	자잉	아잉	트엉	람	지
한가할 때		당신	주로	하다	무엇

한가할 때 보통 무엇을 해요?

- **khi + 동사/형용사**: 어떤 일이 일어나거나 어떤 상태가 유지하는 때를 표현할 때 사용한다. 'khi có thời gian'(시간이 있을 때)와 'khi rảnh'(한가할 때)

보기
- Khi có thời gian chị thường làm gì? (시간이 있을 때 주로 뭐 하세요?)
  [키 꺼 터이 지안 찌 트엉 람 지]

Khi rảnh tôi thường đọc sách

키	자잉	또이	트엉	덕 사익
한가할 때		나	주로	독서

한가할 때 보통 독서해요.

- **주어 + thường + 동사**: '보통'이란 의미로 어떤 일을 반복적으로 많이 한다는 뜻으로 사용된다. 문장에서 주어 바로 뒤에 위치한다.

보기
- Khi rảnh tôi thường gặp bạn. (한가할 때 보통 친구를 만나요.)
  [키 라잉 또이 트엉 갑 반]

참고
- **빈도 부사** (문장에서 주어 뒤에 위치한다.)
  không bao giờ < thỉnh thoảng < thường /thường xuyên < luôn luôn
  절대 –하지 않는다   <   가끔   <   자주   <   항상

5과 — 취미

3 회화 연습

대화를 듣고 핵심 표현을 찾아 보세요.

❶ 취미

Hana: Sở thích của cậu là gì?
써   틱   꾸아   꺼우   라 지?

Minho: Sở thích của tớ là xem phim.
써   틱   꾸아   떠   라   샘   핌.

Hana: Mình cũng thích xem phim.
밍   꿍   틱   샘   핌.

Cậu có thích phim Việt Nam không?
꺼우   꺼   틱   핌   비엣   남   콩?

Minho: **Không.** Mình không thích phim Việt Nam.
콩.   밍   콩   틱   핌   비엣   남.

Nhưng mình thích nhạc Việt Nam.
느응   밍   틱   니악   비엣   남.

하나 취미가 뭐예요?
민호 영화 보는 것이 좋아요.
하나 나도 영화 보는 것이 좋아요.
베트남 영화를 좋아해요?
민호 아니요. 베트남 영화를 좋아하지 않아요.
하지만 베트남 음악을 좋아해요.

참고

nhưng: '하지만/그러나'와 비슷한 의미로 앞의 내용이나 행동이 뒤의 내용이나 행동과 반대의 의미를 표현한다. 문장과 문장을 연결할 때 사용할 수 있고 문장 안에 '-지만'과 같이 연결어미로 사용할 수 있다.

보기 ·Tôi thích nghe nhạc nhưng tôi không thích hát. (음악 듣기를 좋아하지만 노래 하기를 좋아하지 않아요.)

3 회화 연습

대화를 듣고 핵심 표현을 찾아 보세요.

❷ 생일

Minho: **Khi rảnh anh thường làm gì?**
키 지앙 아잉 트엉 람 지?

Long: **Anh thường chơi bóng đá hoặc đi dạo.**
아잉 트엉 쩌이 벙 다 허악 디 자어.

Minho: **Anh chơi bóng đá khi nào?**
아잉 쩌이 벙 다 키 나어?

Long: **Anh thường chơi vào cuối tuần.**
아잉 트엉 쩌이 바어 꾸오이 뚜언.

민호	한가할 때 보통 뭐 해요?
렁	보통 축구하거나 산책을 해요.
민호	주로 언제 축구를 해요?
렁	보통 주말에 축구를 해요.

참고

hoặc: 두 가지 가능한 선택 중에 하나를 한다는 의미를 가지고 있다.

khi nào: '언제'와 비슷한 의미로 의문문 문장 앞에 위치하거나 문장 끝에 위치한다. 문장 앞에 위치하면 미래에 대해 물어보고, 문장 끝에 위치하면 과거에 대해 물어본다.

보기

· **Anh xem phim khi nào?** (언제 영화를 봤어요?)
  [아잉 샘 핌 키 나오]

· **Khi nào anh xem phim?** (언제 영화를 봐요?)
  [키 나오 아잉 샘 핌]

4 듣기 연습

1. 듣고 빈 칸에 알맞은 단어를 써 주세요.

   1) Khi rảnh, anh Minh thường _____ hoặc chơi đá bóng.

   2) Khi rảnh, chị Hoa thường mua sắm hoặc _____.

   3) Sở thích của Mai là mua sắm. Mai _____ mua sắm trên mạng.

   4) Sở thích của Hạnh là leo núi. Hạnh thường đi leo núi _____.

   5) Nga thích chơi game và _____. Nga thường chơi game với em trai.

2. 듣고 따라 해보세요.

R	ra	rảnh	rừng
D	da	dáng	dừng
Gi	gia	gia đình	giống

   발음의 팁 'r/d/gi' 발음도 지역마다 차이가 있다. 북부에서는 'radio'와 같은 외래어 외에 'r'는 'd/gi'와 같이 발음되지만 남부와 중부 지역에서는 'r'는 'd/gi'와 구별해서 발음된다.

5 말하기 연습

1. 본문 대화와 같이 취미에 대해 대화를 만들어 이야기해 보세요.

Sở thích của bạn là gì?

Sở thích của mình là …

2. 그림 보고 묘사해 보세요.

   1) **Dung**:
      cuối tuần / xem phim

   2) **Huệ**:
      khi có thời gian / mua sắm

   3) **Hưng**:
      thứ tư và thứ sáu / đá bóng

6 쓰기 연습

1. 빈 칸에 한국어 어휘와 맞는 베트남어를 써 주세요.

▸ 영화 보기　　　　　　　　　　　　　　▸ 시간

▸ 좋아하다　　　　　　　　　　　　　　▸ 요리하다

▸ 아주　　　　　　　　　　　　　　　　▸ 쇼핑

▸ 음악 듣기　　　　　　　　　　　　　　▸ 언제

▸ 자전거 타기　　　　　　　　　　　　　▸ 항상

2. 보기에 있는 단어를 사용해서 아래 문장을 완성해 보세요.

보기	và, thường, là, cũng, hoặc, nhưng

Tôi thích đọc sách 1)_____ xem phim.

Khi rảnh, tôi 2)_____ đi thư viện để đọc sách 3)_____ mượn sách.

Em gái tôi 4)_____ Hà. Em gái tôi 5)_____ thích xem phim.

Tôi thích đi rạp chiếu phim 6)_____ em gái tôi thích xem phim ở nhà.

6과 / Bài 6

베트남어 공부
Học tiếng Việt

 학습 목표

1 베트남어 공부 이유 또는 목적에 대해 이야기하기
2 베트남어 공부한 시간에 대해 이야기하기

❁ 베트남어는 한국어와 다르다.

Jinju(진주) '**한국어**'를 '**한어**'로 줄여서 말할 수 없지만 '**한국어**'는 베트남어로 '**tiếng Hàn Quốc**'이고, 줄여서 '**tiếng Hàn**'이라고 할 수 있고, 베트남어를 '**tiếng Việt Nam**'인데, 보통 '**tiếng Việt**'이라고 하잖아요. 너무 재밌어요.

Tuấn(뚜언) 맞아요. 많은 나라 이름을 줄여서 말할 수 있어요. 예를 들면 '**tiếng Trung Quốc**'(중국어)를 줄여서 '**tiếng Trung**'이라고 해요.

1 주요 어휘

베트남어	발음	한국어
đi du lịch	디 주 릭	여행하다
muốn	무언	원하다
sống	쏭	살다
tự học	뜨 헉	독학하다
trở thành	쩌 타잉	되다
hát	핫	노래하다
vẽ tranh	배 짜잉	그림 그리기
tiếng Trung	띠엥 쭝	중국어
tiếng Hàn	띠엥 한	한국어
trung tâm ngoại ngữ	쭝 떰 응어아이 응으	어학원

cầu thủ bóng đá
[꺼우 투 벙 다]
축구 선수

họa sĩ [호아 씨]
화가

thông dịch viên [통 직 비엔]
통역사

hướng dẫn viên du lịch
[흐엉 전 비엔 주 릭]
관광 가이드

ca sĩ [까 씨]
가수

2 핵심 표현

❶ 베트남어 공부 이유 묻고 답하기

Tại sao bạn học tiếng Việt?

따이 싸어 반 헉 띠엥 비엣
왜 　　　 당신 공부하다 　　 베트남어

베트남어를 왜 배워요?

· **Tại sao** + 주어 + 서술어 + (목적어): 어떤 이유에 대해 물어볼 때 사용하는 표현이다.

보기 · **Tại sao** bạn học hát? (노래를 왜 배워요?)
　　　　[따이 싸오 반 헉 핟]

Vì tôi muốn làm việc ở Việt Nam

비 또이 무온 람 비엑 어 비엣 남
때문이다 나 -고 싶다 일하다 -에서 베트남

베트남에서 일하고 싶기 때문이에요.

· **Vì** + 문장: 이유에 대해 말할 때 사용하고, 문장 앞에 위치한다. '-기 때문이다'와 대응된다.
· **Muốn** + 동사: 무엇을 원하는지 표현할 때 사용한다.

보기 · **Vì** em **muốn** trở thành ca sĩ. (가수가 되고 싶기 때문이에요.)
　　　　[비 앰 무온 쩌 타잉 까 씨]

2 핵심 표현

❷ 베트남어 공부 목적 묻고 답하기

Bạn học tiếng Việt để làm gì?
반　　혁　　　띠엥　　비엣　　데　람　지
당신　공부하다　　베트남어　　　　무엇을 하려고

무엇을 하려고 베트남어를 배워요?

- 문장 + **để làm gì?**: 어떤 일을 하는 목적에 대해 물어 볼 때 사용한다.

보기　· **Bạn học hát để làm gì?** (무엇을 하려고 노래를 배워요?)
　　　　[반　혁　핟 데 람 지]

Tôi học tiếng Việt để đi du lịch Việt Nam
또이　혁　　띠엥　　비엣　　데　디　주　릭　　비엣　　남
나　공부하다　베트남어　　　위해　　여행　　　　베트남

베트남으로 여행 가려고 베트남어를 배워요.

- 주어 + 서술어1 + (목적어) + **để** + 서술어2: 무엇을 하려고 하는지 그 목적을 표현할 때 사용한다. 이 문장에서 주어가 동일해야 한다.

보기　· **Tôi học hát để làm ca sĩ.** (가수가 되려고 노래를 배워요.)
　　　　[또이　혁　핟 데 람 까 씨]

2 핵심 표현

❸ 베트남어 공부 시간에 대해 묻고 답하기

Bạn đã học tiếng Việt bao lâu rồi?

반 다 헉 띠엥 비엣 바어 러우 조이
당신 　 공부하다 　 베트남어 　 　 얼마

베트남어를 배운지 얼마나 되었어요?

- **Bao lâu**: '얼마 동안'과 비슷한 의미로 어떤 일을 하는 데에 얼마나 걸렸는지에 대해 물어볼 때 사용한다. 보통 'rồi'와 같이 사용되며, 의문문 끝에 위치한다.

보기
- **Bạn đã ở Hà Nội bao lâu rồi?** (하노이에서 산지 얼마나 되었어요?)
  [반 다 어 하 노이 바어 러우 조이?]

Được ba tháng rồi

드억 　 바 탕 　 조이
-되었다 　 3개월

3개월이 되었어요.

- **được + 시간 + rồi**: 시간이 얼마나 되었는지 표현할 때 사용한다.

보기
- **Được một năm rồi.** (1년이 되었어요.)
  [드억 몯 남 조이]

6과 — 베트남어 공부

3 회화 연습

대화를 듣고 핵심 표현을 찾아 보세요.

❶ 베트남어 공부 이유

Tuấn
Tại sao bạn học tiếng Việt?
따이 싸어 반 헉 띠엥 비엣?

Hana
Vì mình muốn làm việc ở Việt Nam.
비 밍 무온 람 비엑 어 비엣 남.

Bây giờ bố mẹ mình đang ở Hà Nội.
버이 저 보 매 밍 당 어 하 노이.

Tuấn
Bố mẹ bạn ở Hà Nội bao lâu rồi?
보 매 반 어 하 노이 바어 러우 조이?

Hana
Được khoảng ba năm rồi.
드억 커앙 바 남 조이.

뚜안 베트남어를 왜 배워요?
하나 베트남에서 일하고 싶기 때문이에요.
         지금 우리 부모님이 하노이에 있어요.
뚜안 하노이에 계신지 얼마나 되셨어요?
하나 3년 쯤 되었어요.

참고 **추가 표현**

· 1년 쯤 되었다: **được khoảng một năm**
  [드억 커앙 못 남]

· 1년이 넘게 되었다: **được hơn một năm**
  [드억 헌 못 남]

2부 베트남어로 표현하기

3 회화 연습

대화를 듣고 핵심 표현을 찾아 보세요.

❷ 베트남어 공부 시간과 목적

Linh: **Anh đã học tiếng Việt bao lâu rồi?**
아잉 다 헉 띠엥 비엣 바어 러우 조이?

Minho: **Được sáu tháng rồi.**
드억 싸우 탕 조이.

Linh: **Anh học tiếng Việt để làm gì?**
아잉 헉 띠엥 비엣 데 람 지?

Minho: **Anh học để làm phiên dịch viên.**
아잉 헉 데 람 피엔 직 비엔.

링	베트남어를 얼마 동안 배웠어요?
민호	6개월이 되었어요.
링	무엇을 하려고 베트남어를 배워요?
민호	통역사가 되려고 베트남어를 배워요.

참고

베트남어에서 질문에 언급한 목적어를 답할 때 그 목적어를 생략할 수 있다. 대화에서 민호의 말 중에서 '**tiếng Việt**'을 생략해서 말할 수 있다.

시간에 대한 질문에 답할 때, 질문의 내용을 반복할 필요 없이 시간만 말해도 된다.

4 듣기 연습

1. 듣고 빈 칸에 알맞은 단어를 써 주세요.

Tên	Ngoại ngữ	thời gian	địa điểm
Long	tiếng Anh		trường đại học
Tuấn	tiếng Hàn	6 tháng	
Hằng	tiếng Hàn		tự học
Hoa	tiếng Trung	8 tháng	trung tâm
Minh	tiếng Anh		tự học

2. 듣고 따라 해보세요.

lên	Tiến	Liên	tiên tiến	miên man
lêng	Tiếng	miệng	miếng	nghiêng ngả

5 말하기 연습

1. 본문 대화와 같이 취미에 대해 대화를 만들어 이야기해 보세요.

Bạn học tiếng _____ bao lâu rồi?

Mình học tiếng _____ được _____ rồi.

2. 아래 보기를 참고하고, 아래 친구들의 취미와 취미를 하게 된 이유를 말해 보세요.

> **보기**　　Hoa rất thích hát. Hoa muốn trở thành ca sĩ.

1) **Hưng: đá bóng**
    - **cầu thủ bóng đá**

2) **Minh: vẽ tranh - họa sĩ**

3) **Tuấn: học ngoại ngữ**
    - **hướng dẫn viên du lịch**

6 쓰기 연습

1. 빈 칸에 한국어 어휘와 맞는 베트남어를 써 주세요.

▸ 여행

▸ 얼마나

▸ 가수

▸ 축구 선수

▸ 중국어

▸ 원하다

▸ 어학원

▸ 일하다

▸ 쯤

▸ 독학하다

2. 아래 단어를 재정렬하여 알맞은 문장을 써 보세요.

1) học / tiếng / để / du lịch / đi / Việt / tôi

▸

2) bao lâu rồi / tiếng / học / bạn / Việt / đã

▸

3) gia đình / bây giờ / Hà Nội / mình / ở / đang

▸

시간과 요일
Thời gian và ngày tháng

Bài 7

학습 목표

1. 일주일 일과에 대해 이야기하기
2. 주말 활동에 대해 이야기하기

❋ 베트남어는 한국어와 다르다.

Jinju(진주) 오늘 베트남어로 요일을 배웠어요. 한국어에는 요일을 줄여서 **'월, 화, 수'**라고 하는데 베트남어에도 **'hai, ba, tư'**로 말할 수 있나요?

Tuấn(뚜언) 요일은 베트남어로 **'thứ'**이고, 베트남어로 요일을 표현하려면 이 단어를 빼면 안 돼요. 말을 할 때 이 단어 생략해서 **'hai, ba, tư'**라고 할 수 있지만 글을 쓸 때 꼭 같이 써야 돼요.

1   주요 어휘

	chủ nhật [쭈 녓] 일요일	thứ hai [트 하이] 월요일	thứ ba [트 바] 화요일	thứ tư [트 뜨] 수요일	thứ năm [트 남] 목요일	thứ sáu [트 사우] 금요일	thứ bảy [트 바이] 토요일
	SUN	MON	TUE	WED	THR	FRI	SAT
tuần trước [뚜언 쯔억] 지난 주			1	2	3	4	5
tuần này [뚜언 나이] 이번 주	6	7 hôm kia [홈 끼아] 그저께	8 hôm qua [홈 꽈] 어제	9 hôm nay [홈 나이] 오늘	10 ngày mai [응아이 마이] 내일	11 ngày kia [응아이 끼아] 모레	12
tuần sau [뚜언 싸우] 다음 주	13	14	15	16	17	18	19

베트남어	발음	한국어
giờ	저	시
phút	풋	분
buổi sáng	부오이 쌍	아침
buổi trưa	부오이 쯔아	점심
buổi chiều	부오이 찌에우	오후
buổi tối	부오이 또이	저녁
đêm	뎀	밤

베트남어	발음	한국어
ngủ dậy	응우 저이	일어나다
đi học	디 헉	공부하러 가다
đi làm	디 람	일하러 가다/출근하다
gặp bạn	갑 반	친구 만나다
ở nhà	어 냐	집에 있다
nghỉ ngơi	응이 응어이	쉬다
công viên	꽁 비엔	공원
ăn trưa	안 쯔아	점심식사 하다

2 핵심 표현

❶ 시간 묻고 답하기

Bây giờ là mấy giờ?
버이 저 라 머이 저
지금 이다 몇 시

지금 몇 시예요?

- **시간 표현하는 방법**: (숫자) + giờ (시) + (숫자) + phút (분)
  - **9 giờ 15 phút** 9시 15분
  - **10 giờ 20 phút** 10시 20분
  - **10 giờ 30 phút = 10 rưỡi** 10시 30분

Bây giờ là mười một giờ
버이 저 라 므어이 못 저
지금 이다 열 한 시

지금 11시예요.

- 오전/오후/저녁 등이 시간 뒤에 위치한다.
  - **11 giờ sáng** 오전 11시   **12 giờ trưa** 점심 12시
  - **3 giờ chiều** 오후 3시   **11 giờ đêm** 밤 11시

공부의 팁 · 몇 시 몇 분인지 말할 때 'phút (분)'이 생략될 수 있다.

  9 giờ 15 phút ▶ **9 giờ 15**

2 핵심 표현

❷ 하루 일과 묻고 답하기

Anh thường đi làm lúc mấy giờ?

아잉	트엉	디 람	룩	머이 저?
당신	보통	출근	-에	몇 시

보통 몇 시에 출근해요?

- **Lúc + 시간**: '-에'와 같은 의미로 시간 앞에 나온다. 짧고 정확하지 않은 시간이나 시점을 표현할 때 사용한다.

보기
- **Bạn thường ngủ dậy lúc mấy giờ?** (보통 몇 시에 일어나요?)
  [반 트엉 응우 저이 룩 머이 저?]

Tôi thường đi làm lúc 8 giờ sáng

또이	트엉	디 람	룩	땀 저 쌍
나	보통	출근하다	-에	아침 8시

보통 오전 8시에 출근해요.

- 하루 일과에 대해 이야기할 때 보편적으로 사용되는 표현 문형이다.

보기
- **Tôi thường ngủ dậy lúc 7 giờ.** (보통 7시에 일어나요.)
  [또이 트엉 응우 저이 룩 바이 저]

2 핵심 표현

❸ 주말 활동 묻고 답하기

Cuối tuần này chị sẽ làm gì?

꾸오이	뚜언	나이	찌	쌔	람	지
이번 주 주말			언니/누나		하다	무엇

이번 주 주말에 뭐 할 거예요?

- **sẽ**: 미래에 할 행동에 대해 말할 때 사용하며, 서술어 앞에 위치한다.

보기
- **Thứ bảy chị sẽ làm gì?** (토요일에 뭐 할 거예요?)
 [트 바이 찌 쌔 람 지]

Cuối tuần này chị sẽ đi mua sắm

꾸오이	뚜언	나이	찌	쌔	디	무아	쌈
이번 주 주말			언니/누나		쇼핑하러		

이번 주 주말에 쇼핑하러 갈 거예요.

- **đi + 동사**: '가다/타다'와 같은 의미 외에 다른 동사와 결합해서 어떤 행동을 하러 간다고 표현할 때 사용한다.

보기
- **đi học** (공부하러 가다) · **đi làm** (출근하다) · **đi mua sắm** (쇼핑하러 가다)
 [디 헉]   [디 람]   [디 무아 쌈]

7과 — 시간과 요일

3 회화 연습

대화를 듣고 핵심 표현을 찾아 보세요.

❶ 시간 묻고 답하기

Long: **Bây giờ là mấy giờ?**
버이 저 라 메이 저?

Minho: **Bây giờ là mười một giờ.**
버이 저 라 므어이 못 저.

Anh thường ăn trưa lúc mấy giờ?
아잉 트엉 안 쯔아 룩 머이 저?

Long: **Anh thường ăn trưa lúc 12 giờ.**
아잉 트엉 안 쯔아 룩 므어이 하이 저.

Hôm nay ăn trưa với anh nhé!
홈 나이 안 쯔아 버이 아잉 내!

Minho: **Vâng ạ.**
벙 아.

렁: 지금 몇 시예요?
민호: 지금은 11시예요.
　　　보통 몇 시에 점심 식사해요?
렁: 보통 12시에 점심을 먹어요.
　　오늘 우리 같이 점심 먹을래요?
민호: 네.

참고

Nhé: 문장 끝에 위치하고 말하는 사람과 듣는 사람의 친밀한 관계를 표시한다. 보통 무엇을 같이 하자고 하거나 상대방에게 무엇을 권유를 할 때 사용한다.

với + 사람: 누구와 같이 어떤 행동을 함께 하는지를 표현할 때 사용한다. 서술어 뒤에 위치하고, '와/과', '-(이)랑'과 같은 의미다.

보기 · **Tôi học với bạn.** (친구와 같이 공부해요.)
　　　[또이 헉 버이 반]

3 회화 연습  mp3

대화를 듣고 핵심 표현을 찾아 보세요.

❷ 주말 활동 묻고 답하기

 Jinju

Cuối tuần này em sẽ làm gì?
꾸오이 뚜언 나이 앰 쌔 람 지?

 Tuấn

Thứ bảy, em sẽ đi xem phim.
트 바이 앰 쌔 디 샘 핌.

Cuối tuần chị thường làm gì?
꾸오이 뚜언 찌 트엉 람 지?

 Jinju

Chị thích đi xe đạp.
찌 틱 디 쌔 답

Nên cuối tuần chị thường
넨 꾸오이 뚜언 찌 트엉

đi xe đạp ở công viên.
디 새 답 어 꽁 비엔.

진주 이번 주말에 할 거예요?
뚜언 토요일에 영화를 볼 거예요.
　　 누나는 주말에 보통 뭐 해요?
진주 자전거 타기를 좋아해요.
　　 그래서 주말에 보통 공원에서 자전거를 타요.

참고

Nên: '그래서'와 같은 의미이며, 문장 앞에 위치하거나 문장과 문장을 연결하는 접속사다. 앞 내용이 뒤의 내용의 원인 또는 근거가 될 때 사용한다.

4 듣기 연습

1. 듣고 알맞은 성조를 써 주세요.

   1) **thư sau**

   2) **tuân trươc**

   3) **mươi ba giơ**

   4) **bon rươi chieu chu nhat**

   5) **sau gio sang thư hai**

2. 듣고 맞는 정보를 연결해 보세요.

Long	cuối tuần	nghỉ ngơi ở nhà
Hà	ngày mai	đi xe đạp
Minh	hôm qua	leo núi
Minho	thứ bảy	mua sắm
Hana	chủ nhật	xem phim với bạn

5　말하기 연습

1. 아래 표에 정보를 써서 말해 보세요.

Thứ hai	Thứ ba	Thứ tư	Thứ năm	Thứ sáu	Thứ bảy	Chủ nhật
đi thư viện						

2. 아래 보기에 따라 파트너와 같이 요일별 무엇을 하는지 묻고 답해 보세요.

보기	**Thứ hai tôi đã đi thư viện.** (월요일에 도서관에 갔어요.)

대화 예시

Thứ hai bạn đã làm gì?

Thứ hai mình đã đi thư viện.

6 쓰기 연습

1. 빈 칸에 한국어 어휘와 맞는 베트남어를 써 주세요.

▸ 월요일 .... ▸ 주말 ....

▸ 일요일 .... ▸ 저녁 ....

▸ 어제 .... ▸ 일어나다 ....

▸ 아침 .... ▸ 쇼핑 ....

▸ 오늘 .... ▸ 30분 ....

▸ 내일 .... ▸ 9시 ....

2. 아래 문장에서 어순이 틀린 부분을 찾아서 맞는 문장으로 수정해 보세요.

   1) **Hôm nay chúng ta trưa ăn nhé!**

   ▸ ....

   2) **Buổi tối thường tôi đọc sách.**

   ▸ ....

   3) **Tôi thích uống cà phê. Tôi nên thường đi uống cà phê với bạn.**

   ▸ ....

2부 베트남어로 표현하기

8과
Bài 8

약속
Hẹn

 학습 목표
1. 계획 묻고 답하기
2. 약속 시간, 장소 묻고 답하기

❖ 베트남어는 한국어와 다르다.

Hana(하나) '약속하다'는 베트남어로 뭐예요?

Minho(민호) 베트남어로 약속은 'hẹn'이라고 하는데, '약속하다'도 'hẹn'이에요. 이 단어는 동사이면서도 명사이기도 하지요. 예를 들어, 'hẹn ăn trưa'(점심 약속)의 경우 동사로 사용되고 'một lời hẹn'(약속 하나)의 경우에는 명사로 사용돼요. 이처럼 베트남어에는 동사, 형용사, 명사 등과 같은 품사를 어휘 형태로 구별하지 않고, 어휘의 의미로 구별해요.

1 주요 어휘

베트남어	발음	한국어
bận	번	바쁘다
tiếc	띠엑	아쉽다
hẹn	핸	약속하다
khi khác	키 칵	다른 시간
xin lỗi	씬 로이	미안하다
nói chuyện	너이 쭈엔	이야기하다
mệt	멭	피곤하다
buồn	부온	슬프다
trung tâm	쭝 떰	센터
nhà hàng	냐 항	식당
chúng ta	쭝 따	우리

đi dạo [디 자어]
산책

mua sắm [무아 쌈]
백화점

2 핵심 표현

❶ 바쁜지 묻고 답하기

Thứ bảy này em có bận không?
트 바이 나이 앰 꺼 번 콩
이번 토요일   너 - 바쁘다 -

이번 주 토요일에 바빠요?

- 바쁜지 안 바쁜지 물어볼 때 사용하는 표현이다.
- '이번 주 토요일'은 'thứ bảy tuần này'로 해석되지만 줄여서 'thứ bảy này'로 쓸 수 있다.

보기 · **Chủ nhật này chị có bận không?** (이번 일요일에 바빠요?)
   [쭈 녓 나이 찌 꺼 번 콩]

Thứ bảy này em rảnh ạ.
트 바이 나이 앰 자잉 아
이번 주 토요일   나 한가하다 -

이번 토요일에 한가해요.

- **Rảnh**: '한가하다'란 의미를 가지고 있다. 바쁜지를 묻는 질문에 답할 때 아래와 같은 방식으로도 사용할 수 있다.

  약속이 있어요: '**Em có hẹn rồi.**' [앰 꺼 핸 조이]
  바쁘지 않아요: '**Em không bận.**' [앰 콩 번]

보기 · **Chủ nhật này chị rảnh.** (일요일에 한가해요.)
   [쭈 녓 나이 찌 자잉]

2 핵심 표현

❷ 약속 시간과 장소 묻고 답하기

Mấy giờ gặp chị ạ?
머이 저 갑 찌 아
몇 시 　 만나다 언니/누나 -

몇 시에 만날까요?

- **Mấy giờ + (주어) + 서술어**: 말하는 사람과 듣는 사람이 언제 무엇을 같이 하는지에 대해 묻고 싶을 때 사용하는 표현이며, 주어 생략이 가능하다.

보기
- **Mấy giờ (chúng ta) đi ạ?** (우리 몇 시에 가요?)
  [머이 저 쭝 따 디 아]

Hẹn em hai giờ chiều ở công viên
핸 앰 하이 저 찌에우 어 꽁 비엔
약속하다 　 오후 2시 　 -에 공원

공원에서 2시에 만나요.

- **Hẹn + 동사**: 무엇을 하자고 약속할 때 사용하는 표현이다.
  보기 이야기하는 약속: **Hẹn nói chuyện.**
  　　　　　　　　　　[핸 너이 쭈이엔]

- **Hẹn + 사람**: 누구와 약속하는지 말할 때 사용하고 'với'와 같이 사용할 수 있다.
  보기 선생님과 약속: **Hẹn với cô giáo / Hẹn cô giáo.**
  　　　　　　　　[핸 버이 꼬 자오] / [핸 꼬 자오]

2 핵심 표현

❸ 약속 취소

Em không đi được rồi
앰   콩   디   드억 조이
나   못 가다   되었다

못 가게 되었어요.

- **không + 동사 + được rồi**: 문장 끝에 오면 '-게 되다'와 비슷한 의미로 보통 부득이한 이유로 어떤 일을 하지 못한 부정적인 상황에서 사용한다.

보기
- **Tôi không làm được rồi.** (못 하게 되었어요.)
  [또이 콩 람 드억 조이]

Hẹn em khi khác vậy
핸   앰   키   캭   버이
약속하다 너   다른 때

다른 때에 봐요.

- **vậy**: 문장 끝에 위치하며, 결론적으로 다른 방법이 없고 그렇게 할 수 밖에 없다는 의미로 사용한다.

보기
- **Hẹn anh khi khác vậy.** (다른 때에 봐요.)
  [핸 아잉 키 캭 버이]

8과 — 약속

3 회화 연습

대화를 듣고 핵심 표현을 찾아 보세요.

❶ 약속 잡기

Jinju: **Linh, thứ bảy này em có bận không?**
링, 트 바이 나이 앰 꺼 번 콩?

Linh: **Thứ bảy này em rảnh ạ.**
트 바이 나이 앰 자잉 아.

Jinju: **Vậy, chiều thứ bảy đi dạo với chị không?**
버이 찌에우 트 베이 디 자어 버이 찌 콩?

Linh: **Dạ. Được ạ. Mấy giờ gặp chị ạ?**
자 드억 아. 메이 저 갑 찌 아?

Jinju: **Hẹn em hai giờ nhé.**
핸 앰 하이 저 내.

Linh: **Dạ. Chị.**
자 찌.

진주	링 씨, 토요일에 바빠요?
링	토요일에 한가해요.
진주	그럼, 토요일 오후에 같이 공원에 갈래요?
링	네, 좋아요. 몇 시에 만날까요?
진주	2시에 만나자.
링	네, 언니.

참고

누구와 언제 어디서 약속이 있다고 표현할 때 '**사람, 시간, 장소**' 순서대로 말하거나 사람, 장소, 시간 순서대로 말할 수 있다. 장소 앞에 '**ở**' 있어야 되고, 시간 앞에 '**lúc/vào**' 있어야 한다.

보기 **Hẹn em ở công viên lúc hai giờ**
[핸 앰 어 꽁 비엔 룩 하이 저
chiều nhé.
지에우 내]

3 회화 연습 🎧 mp3

대화를 듣고 핵심 표현을 찾아 보세요.

❷ 약속 취소하기

Linh
A lô, chị Jinju ạ. Em Linh ạ.
알 로 찌 진주 아. 앰 링 아.

Jinju
Chào Linh. Có việc gì không?
짜오 링 꺼 비엑 지 콩?

Linh
Thứ bảy em có lớp tiếng Anh.
트 베이 앰 꺼 럽 띠엥 아잉.

Nên em không đi được rồi.
넨 앰 콩 디 드억 조이.

Em xin lỗi chị ạ.
앰 신 로이 찌 아.

Jinju
Vậy à? Tiếc quá! Hẹn em khi khác vậy.
버이 아? 띠엑 꽈! 핸 앰 키 칵 버이.

링	여보세요? 진주 언니, 저 링이에요.
진주	링아, 안녕. 무슨 일이 있어요?
링	토요일에 영어 수업이 있어요.
	그래서 공원에 같이 못 가게 됐어요. 미안해요.
진주	그래요? 아쉽네요. 다른 때에 만나요.

참고

형용사 + quá!: 감탄을 표현할 때 사용한다.

보기 **Đẹp quá!** (예쁘다!)
[댑   꽈!]

Buồn quá! (슬프다!)
[부온   꽈!]

A lô: '여보세요?'와 같은 표현으로 전화할 때 상대편을 부르는 말이다.

4 듣기 연습 🎧 mp3

1. 듣고 빈 칸에 알맞은 단어를 쓰고 아래 질문에 답해 주세요.

 Tuấn: Chủ nhật này anh có 1) _____ không?

 Long: Không. Anh không bận.

 Tuấn: Anh có 2) _____ đi đá bóng không?

 Long: Được chứ. Mấy giờ?

 Tuấn: 3) _____ giờ chiều được không ạ?

 Long: Được. Vậy gặp em 4) _____ 5) _____ giờ chiều nhé.

질문에 답해 보세요.

 6) Tuấn hẹn Long làm gì?

 ▸ _____

 7) Tuấn sẽ gặp Long lúc mấy giờ?

 ▸ _____

2. 듣고 따라 해 보세요.

Đẹp quá!
예쁘다!

Tốt quá!
좋다!

Buồn quá!
슬프다!

Mệt quá!
피곤하다!

5 말하기 연습

1. 친구와 같이 이번 주 주말에 약속이 있는지 물어보고 일요일 저녁에 영화 보는 약속을 잡는 대화를 해 보세요.

Cuối tuần này bạn có bận không?

Cuối tuần này mình …

2. 보기와 같이 아래 정보를 활용해서 완성된 문장으로 말해 보세요.

| 보기 | **Tuấn hẹn Linh thứ sáu ăn tối lúc 7 giờ ở nhà hàng Sen.** |

	이름	요일	하는 일	시간	장소
1	Jinju, Hana	thứ 4	ăn trưa	12 giờ	nhà hàng Sao Việt
2	Minh, Tuấn	thứ 7	đi đạp xe	9 giờ sáng	công viên
3	Linh, Jinju	thứ 5	đi mua sắm	4 giờ chiều	trung tâm mua sắm

6 쓰기 연습

1. 빈 칸에 한국어 어휘와 맞는 베트남어를 써 주세요.

▸ 슬프다 .... ▸ 아쉽다 ....

▸ 미안하다 .... ▸ 식당 ....

▸ 바쁘다 .... ▸ 예쁘다 ....

▸ 약속 .... ▸ 주말 ....

▸ 축구를 하다 .... ▸ 백화점 ....

2. 아래 단어를 재정렬하여 알맞은 문장을 써 보세요.

1) công viên / hẹn / em / lúc / ở / hẹn / hai giờ chiều.

   ▸ ....

2) thứ bảy / tiếng Anh / có / em / lớp.

   ▸ ....

3) khi khác / em / hẹn / vậy.

   ▸ ....

9과 Bài 9

날씨
Thời tiết

학습 목표
1. 날씨 묘사하기
2. 한국 날씨 소개하기

❋ **베트남어는 한국어와 다르다.**

Jinju(진주) 베트남어로 날씨를 이야기할 때 '**trời**'를 사용해요? '**thời tiết**'을 사용해요?

Tuấn(뚜언) '**trời**'란 단어는 '하늘'과 '날씨'란 뜻이 있고, '**thời tiết**'이란 단어는 '날씨', '기후' 또는 '기상'이란 뜻이 있어요. 날씨에 대해 말할 때 이 두 단어를 다 사용할 수 있는데, 이 두 단어 사용의 차이점은 '오늘 날씨가 어때요?'라고 물어볼 때 보통 '**Thời tiết hôm nay thế nào?**'을 사용하고 대답할 때 '**trời**'를 더 많이 사용하지요. 예를 들어 '오늘 비가 와요.' 하면 '**Hôm nay trời mưa.**'로 말할 수 있어요.

1 주요 어휘

1. 날씨

베트남어	발음	한국어
nắng	낭	햇볕이 내리다
nóng	넝	덥다
mưa	므아	비
mát mẻ	맛 매	시원하다
lạnh	라잉	춥다 / 쌀쌀하다
ấm áp	엄 압	따뜻하다
có tuyết	꺼 뚜엣	눈이 오다
âm u	엄 우	흐리다 / 우울하다
nhiều	니에우	많다
mây	머이	구름

mùa [무아]
계절

mùa xuân [무아 쑤안]
봄

mùa hè [무아 해]
여름

mùa thu [무아 투]
가을

mùa đông [무아 동]
겨울

mùa mưa [무아 므아]
우기

mùa khô [무아 코]
건기

2 핵심 표현

❶ 날씨 묻고 답하기

Thời tiết ngày mai thế nào?
터이 띠엣 응아이 마이 테 나어
날씨 **내일** **어때요?**

내일 날씨가 어때요?

- 날씨가 어떤지 물어볼 때 '**thời tiết** + **날짜** + **어때요?**'를 사용한다.

보기
- **Thời tiết hôm nay thế nào?** (오늘 날씨가 어때요?)
  [터이 띠엣 홈 나이 테 나어]

Ngày mai trời nóng
응아이 마이 쩌이 넝
내일 **날씨** **덥다**

내일 날씨가 더워요.

- 날씨를 표현할 때 '**trời** + **형용사**' 사용한다. 부정일 때 '**Trời** + **không** + **형용사**'를 사용한다.

보기
- **Ngày mai trời nắng.** (내일 하늘이 맑아요.)
  [응아이 마이 쩌이 낭]
- **Ngày mai trời không nắng.** (내일 하늘이 맑지 않아요.)
  [응아이 마이 쩌이 콩 낭]

2　핵심 표현

❷ 다른 장소의 날씨 묻고 답하기

Dạo này thời tiết Seoul thế nào?
자어　　나이　　터이　띠엣　　　서울　　　테　　나어?
요즘　　　　　　　날씨　　　　서울　　　　어때요?

요즘 서울 날씨가 어때요?

· 'dạo này' (요즘)은 문장 앞에 위치한다.

보기　· **Dạo này thời tiết Hà Nội thế nào?** (요즘 하노이 날씨가 어때요?)
　　　　[자어 나이 터이 띠엣 하 노이 테 나어]

Bây giờ là mùa thu nên thời tiết hơi lạnh
버이　저　　라　무아　투　　넨　　터이　띠엣　허이　라잉
지금　　이다　　가을　　그래서　날씨　　조금　춥다

지금 가을이라 날씨가 좀 쌀쌀해요.

· **hơi + 형용사**: '조금/약간'과 같은 의미로 적은 정도나 분량을 표현할 때 사용한다.
　· **hơi nóng.** (약간 더워요.)　　· **hơi nhiều.** (조금 많아요.)
　　[허이　넝]　　　　　　　　　　[허이 니에우]

보기　· **Bây giờ là mùa đông nên thời tiết rất lạnh.**
　　　　[베이 저 라 무아 동 넨 터이 띠엣 젓 라잉]

2 핵심 표현

❸ 계절 묘사하기

Mùa thu Hàn Quốc đẹp lắm nhỉ?
무아 투 　 한 꿕 　 댑 　 람 　 니?
가을 　 　 한국 　 　 예쁘다 　 아주 　 -지요

한국 가을이 예쁘지요?

보기 · **Mùa hè Hàn Quốc nóng lắm nhỉ?** (한국 여름이 덥지요?)
　　　　[무아 해 한 꿕 넝 람 니?]

· **형용사 + lắm**: 보통보다 더 높은 정도를 표현하며, 감탄 의미도 표현한다.
　보기 · **Tốt lắm.** (아주 좋아요.)
　　　　　[똣 람]

· **문장 + nhỉ?**: 'nhỉ'는 대화에서만 사용되며 문장 끝에 위치한다. 앞에 나온 사실에 대해 인정하거나 듣는 사람에게 자신의 의견에 동의를 구할 때 사용하고 친밀감을 표현하기도 한다.
　보기 · **Tên em là gì nhỉ?** (이름이 뭐니?)
　　　　　[뗀 앰 라 지 니?]

Phong cảnh mùa thu rất đẹp
펑 　 까잉 　 무아 투 　 젓 　 댑
경치 　 　 　 　 가을 　 정말 　 예쁘다

한국 가을이 정말 예뻐요.

· 경치가 어떤지 표현할 때 사용하는 표현이다.

보기 · **Phong cảnh mùa hè rất đẹp.** (여름 경치가 매우 예뻐요)
　　　　[펑 까잉 무아 해 젓 댑]

3 회화 연습

대화를 듣고 핵심 표현을 찾아 보세요.

❶ 내일 날씨 묻고 답하기

Long

Dạo này trời nóng quá!
자오 나이 쩌이 넝 꽈!

Thời tiết ngày mai thế nào?
터이 띠엣 응아이 마이 테 나어?

Hana

Ngày mai trời nắng và không mưa anh ạ.
응아이 마이 쩌이 낭 바 콩 므아 아잉 아.

링	요즘 날씨가 진짜 덥네.
	내일 날씨가 어때?
하나	내일 하늘이 맑고
	비가 안 와요.

참고

1. 대화에서 문장 끝에 '**호칭** + **ạ**'를 붙여 말할 때 대화가 더 자연스럽고 듣는 사람에게 존중 표현이 된다.
2. 요즘 날씨 어떤지 말할 때 감탄 표현을 많이 사용한다. '**Trời** + **형용사** + **quá**'를 사용하여 말한다.

보기 **Trời lạnh quá!** (날씨가 정말 추워요!)
　　 [쩌이 라잉 꽈!]

2부 베트남어로 표현하기

3 회화 연습

대화를 듣고 핵심 표현을 찾아 보세요.

❷ 서울 날씨 묻고 답하기

Linh: **Dạo này thời tiết Seoul thế nào?**
자오 나이 터이 띠엣 서울 테 나어?

Minho: **Bây giờ là mùa thu nên trời hơi lạnh.**
베이 저 라 무아 투 넨 쩌이 허이 라잉.

Linh: **Mùa thu Hàn Quốc đẹp lắm nhỉ?**
무아 투 한 꾁 댑 람 니?

Minho: **Ừ, phong cảnh mùa thu rất đẹp.**
으, 펑 까잉 무아 투 젓 댑.

링	요새 서울 날씨가 어때요?
민호	지금 가을이라서 날씨가 좀 쌀쌀해요.
링	한국 가을이 정말 예쁘죠?
민호	응, 가을 경치가 정말 예뻐요.

참고

1. 'Ừ'는 '응'와 같은 의미로 상대방이 말하는 사람보다 나이와 지위가 더 낮거나 동등할 때 사용할 수 있으며, 상대편의 물음에 긍정적으로 대답하거나 부름에 응할 때 사용한다.

2. 형용사와 같이 사용할 수 있는 정도 부사는 다음과 같다.
   - **hơi** (약간) < **rất** / **lắm** / **quá** (아주/너무/정말)
   - **rất**: 형용사 앞에 위치하고 평서문에 사용된다.
   - **lắm** / **quá**: 형용사 뒤에 위치하고 감탄문에 사용된다.

118

4 듣기 연습

1. 듣고 보기에 있는 단어를 빈 칸에 채워 보세요.

> 보기   lạnh, bốn mùa, hai mùa, mùa đông, mùa khô

Hà Nội có 1) _____, mùa xuân, mùa hè, mùa thu và

2) _____ .

Mùa hè rất nóng, mùa thu mát mẻ.

Mùa đông 3) _____ và mùa xuân ấm áp.

Hồ Chí Minh có 4) _____ , mùa mưa và 5) _____ .

질문에 답해 보세요.

6) Hà Nội có mấy mùa? ▸

7) Hồ Chí Minh có mùa đông không? ▸

2. 듣고 따라 해보세요.

| An | lan | man | than | Hàn Quốc |
| Anh | lạnh | mạnh | ánh | phong cảnh |

> 발음의 팁   베트남에서 북부·중부·남부 등 지역마다 발음의 차이가 있다. 끝자음 'n'와 'nh'는 하나의 예이다. 북부에서 'n'와 'nh' 잘 구별해서 발음하는 반면에 대부분 중부와 남부에서는 끝자음 위치에서 'nh'를 'n'로 발음하는 경향이 있다.

5 말하기 연습

1. 그림을 보고 날씨 묘사하세요.

1)
2)
3)
4)
5)

2. 파트너와 함께 본문 대화와 같이 오늘과 내일 날씨에 대해 말해 보세요.

질문

1) Thời tiết hôm nay thế nào?

2) Thời tiết ngày mai thế nào?

6 쓰기 연습

1. 빈 칸에 한국어 어휘와 맞는 베트남어를 써 주세요.

▶ 봄 .... ▶ 비가 오다 ....

▶ 여름 .... ▶ 어때요? ....

▶ 가을 .... ▶ 바람 ....

▶ 겨울 .... ▶ 눈 ....

▶ 쌀쌀하다 .... ▶ 덥다 ....

2. 아래 단어를 재정렬하여 알맞은 문장을 써 보세요.

1) không / mưa / trời / ngày mai / và / nắng.

▶ ....

2) bây giờ / mùa thu / trời / hơi / là / lạnh / nên

▶ ....

3) mùa thu / đẹp / nhỉ? / lắm / Hàn Quốc

▶ ....

10과 / Bài 10

건강
Sức khỏe

2부 베트남어로 표현하기

학습 목표
1. 건강 안부 묻고 답하기
2. 조언하기

✿ 베트남어는 한국어와 다르다.

Jinju(진주) 베트남어로 눈을 'mắt'이고, '얼굴'은 'mặt'인데, 발음이 너무 어려워요. 발음이 비슷하지만 성조가 달라지면 뜻도 달라지는 단어들이 정말 많은 것 같아요.

Tuấn(뚜언) 맞아요. 그래서 발음이 비슷한 단어들을 받아쓰기 연습도 하고, 큰 소리로 읽어 연습하면 도움이 될 거예요.

1 주요 어휘

1. 질병과 관련된 단어

베트남어	발음	한국어
ốm	옴	감기
sốt	쏟	열이 나다
ho	허	기침 나다
đau đầu	다우 더우	머리 아프다
nghỉ ngơi	응이 응어이	쉬다
bệnh viện	벵 비엔	병원
sổ mũi	쏘 무이	콧물이 나다
đau	다우	아프다
thuốc	툭	약
thuốc giảm đau	툭 잠 다우	진통제
hoa quả	화 꽈	과일

2. 신체 명칭

베트남어	발음	한국어	베트남어	발음	한국어
mắt	맏	눈	mặt	맏	얼굴
mũi	무이	코	cổ	꼬	목
miệng	미엥	입	vai	바이	어깨
đầu	더우	머리	ngực	응윽	가슴
tai	따이	귀	bụng	붕	위 / 배
môi	모이	입	tay	따이	손
răng	장	이 / 치아	lưng	릉	등
họng	헝	목 / 인후	chân	쩐	다리

2 핵심 표현

❶ 건강 안부 묻기

Trông anh có vẻ mệt

쫑	아잉	꺼 배	멛
보이다	**당신**	**-것 같다**	**피곤하다**

피곤해 보여요.

- 사람의 얼굴 표정이나 어떤 현상을 볼 때 어떻게 보이는지 표현하기 위해 '**trông** + **주어** + **có vẻ** + **형용사**'를 사용한다. '**trông**'은 '보이다'란 뜻이고, '**có vẻ**'는 '-것 같다'란 뜻이며, 합쳐서 '-처럼 보이다'/ '-아/어 보이다'로 해석된다.

보기
- Trông chị có vẻ vui. (기분이 좋아 보여요.)
  [쫑   찌 꺼 배 부이]

Anh có sao không?

아잉	꺼	싸오	콩
당신		**별**	

괜찮아요?

- 상대방이 괜찮은지 물어볼 때 '**주어** + **có sao không?**'을 사용한다. '괜찮다'라고 대답할 때 '**주어** + **không sao**'로 대답할 수 있다.

보기
- (길에서 한 초등 학생이 넘어진 모습을 보고 아래와 같이 물어 볼 수 있다.)
  Em có sao không? (괜찮아요?) → **Em không sao.** (괜찮아요.)
  [앰 꺼 싸오   콩]   [앰 콩   싸오]

2 핵심 표현

❷ 감기와 관련된 표현

Em bị ốm
앰 비 옴
나 걸리다 감기

감기에 걸렸어요.

- 'bị'는 '걸리다/당하다/맞다' 등과 같은 의미가 있으며, 자신이 원하지 않지만 어떤 좋지 않은 일이 발생할 때 사용한다. 'sốt' (열이 나다), 'mệt'(피곤하다) 등과 함께 쓴다.

보기
- **Anh bị ho.** (기침이 나요.)
  [아잉 비 허]
- **Chị bị sốt.** (열이 나요.)
  [찌 비 쏟]

Em đã khỏi ốm chưa?
앰 다 커이 옴 쯔아
당신 -았/었 낫다 감기

감기 다 나았어요?

- 'khỏi' + 동사: 병이나 상처가 고쳐져 본래대로 되는 '낫다'와 같은 의미이다.
- 이 질문에 대답할 때 '주어 + đã khỏi + (동사) + rồi.' (나았어요.) / '주어 + vẫn chưa khỏi' (아직 안 나았어요.)를 사용할 수 있다.

보기
- **Anh đã khỏi ho chưa?** (기침이 나요.) → **Anh khỏi (ho) rồi.** (나았어요.)
  [아잉 다 커이 허 쯔아]   [아잉 커이 허 조이]
  Anh vẫn chưa khỏi. (아직 안 나았어요.)
  [아잉 번 쯔아 커이]

2 핵심 표현

❸ 조언하기

Anh nên đi bệnh viện

아잉	넨	디	벵	비엔
당신	-(으)면 좋겠다	가다		병원

병원에 가면 좋겠어요.

- **주어 + nên + 동사**: 상대방에게 부드럽게 조언이나 충고를 할 때 사용하고 동사 앞에 위치한다. '-(으)면 좋겠다'/ '-(으)세요'와 같이 해석된다.

보기
- **Anh nên về nhà sớm.** (집에 일찍 가세요/ 가면 좋겠어요.)
  [아잉 넨 베 나 섬]

Em hãy nghỉ ngơi và nhanh khỏe

앰	하이	응이 응어이	바	나잉	쾌
당신	-(으)세요	쉬다	-고	빨리	회복하다

쉬고 빨리 회복하세요.

- **주어 + hãy + 동사**: 상대방에게 조언이나 명령을 줄 때 사용하는 표현 문형이다. '-(으)세요'와 같이 해석되지만, 'nên'보다 명령의 의미가 더 강하다.

보기
- **Anh hãy về nhà sớm.** (집에 일찍 가세요.)
  [아잉 넨 베 나 썸]

10과 — 건강

3 회화 연습

대화를 듣고 핵심 표현을 찾아 보세요.

❶ 건강 안부 묻기

Hana: **Anh Long, trông anh có vẻ mệt.**
아잉 렁, 쫑 아잉 꺼 배 멧.

Anh có sao không?
아잉 꺼 싸오 콩?

Long: **Ừ, anh thấy đau đầu và bị ho.**
응, 아잉 터이 다우 더우 바 비 허.

Có lẽ anh bị ốm rồi.
꺼 래 아잉 비 옴 조이.

Hana: **Anh nên đi bệnh viện.**
아잉 넨 디 벵 비엔.

하나 렁 씨, 좀 피곤해 보여요. 괜찮아요?
렁 응, 머리가 좀 아프고 기침도 나요.
　　　감기에 걸린 것 같아요.
하나 병원에 가는 게 좋겠어요.

참고

1. **주어 + thấy + 동사**: 어떻게 보거나 느끼는지를 표현할 때 사용하는 문장 형식이다. 'thấy'은 '보다/느끼다/생각하다' 등과 같은 의미가 있다.

2. **Có lẽ**: '아마'와 비슷한 의미로 어떤 일에 대한 확신이 없을 때 표현하며, 문장 앞에 위치한다.

3 회화 연습

대화를 듣고 핵심 표현을 찾아 보세요.

❷ 감기에 걸릴 때 조언을 주기

Hana: **Anh đã khỏi ốm chưa?**
아잉 다 커이 옴 쯔아?

Long: **Ừ. Anh còn hơi sốt thôi.**
으. 아잉 껀 허이 쏟 토이.

Hana: **Anh hãy nghỉ ngơi và nhanh khỏe nhé!**
아잉 하이 응이 으어이 바 나잉 쾌 내!

하나 감기 다 나았어요?
롱   응, 열이 좀 났어요.
하나 잘 쉬고 빨리 회복하세요.

참고

'nhanh'은 '빨리'란 조동사로 사용될 때 보통 동사 뒤에 위치하지만, 건강 회복에 대해 말할 때 동사/형용사 앞에 위치한다. 예를 들어 '**nhanh khỏi**'(빨리 낫다), '**nhanh khỏe**'(빨리 회복하다) 등이다.

4 듣기 연습

1. 대화를 듣고 질문에 답하세요.

　　1) **Linh bị ốm từ khi nào?**

　　▸ ....

　　2) **Linh đã đi bệnh viện chưa?**

　　▸ ....

　　3) **Hôm nay Linh sẽ đi làm về lúc mấy giờ?**

　　▸ ....

2. 듣고 따라 해보세요.

H	hơi	hãy	ho	học
Kh	khỏi	khá	không	khó

> **발음의 팁**　h는 한국어 'ㅎ'처럼 발음되지만 'kh'은 한국어 'ㅋ'처럼 완전히 비슷하게 발음되지 않아 말할 때 유의해서 연습할 필요가 있다.

5 말하기 연습

1. Minh과 Việt은 친구이다. 한 명은 Minh 역할을 하고, 한 명은 Việt 역할을 하여 아래 상황에 따라 대화를 해 보세요.

Minh

어제 밤부터 기침이 나고 열이 났다.
친구랑 약속이 있어서 친구를 만나러 갔다.

Minh이 피곤해 보여서 감기에 걸렸는지, 병원에 갔는지
물어보고 집에 가서 쉬라고 조언한다.

Việt

2. 조언 표현을 사용하여 아래 내용에 따라 말하기 연습하세요.

1) **Hoa**: bị đau lưng –
   chăm tập thể dục

2) **Hùng**: bị đau đầu –
   uống thuốc giảm đau

3) **Cô Dung**: thấy mệt – ăn nhiều hoa quả và nghỉ ngơi.

6 쓰기 연습

1. 빈 칸에 한국어 어휘와 맞는 베트남어를 써 주세요.

▸ 눈 .... ▸ 쉬다 ....

▸ 얼굴 .... ▸ 머리가 아프다 ....

▸ 다리 .... ▸ 열이 나다 ....

▸ 목 .... ▸ 피곤하다 ....

▸ 어깨 .... ▸ 진통제 ....

2. 아래 단어를 재정렬하여 알맞은 문장을 써 보세요.

1) đi / nên / anh / bệnh viện.

▸ ....

2) sốt / hơi / em / ạ / còn / thôi.

▸ ....

3) và / nghỉ ngơi / nhanh / em / hãy / khỏe / nhé

▸ ....

11과
Bài 11

음식
Món ăn

학습 목표

1. 베트남 음식과 한국 음식 소개하기
2. 식당에서 음식 주문하기

✿ 베트남어는 한국어와 다르다.

Jinju(진주) '보다'는 베트남어로 'xem'도 있고, 'nhìn'도 있는데 차이가 뭐예요?

Tuấn(뚜언) 음, '보다'란 단어는 베트남어로 다양하게 번역할 수 있지요. 'Xem'은 가장 기본적인 의미는 직접 눈으로 어떤 대상을 인식하는 것이며, 'xem ti vi' (티비를 보다), 'xem báo' (신문을 보다) 등이 있는데, 'nhìn'은 눈으로 어느 방향으로 바라보는 것 'nhìn nhau' (서로를 보다), 'nhìn xa' (멀리 보다)를 예를 들 수 있고, 'xem'과 'nhìn'은 서로를 바꿔 쓸 수 없어요.

1 주요 어휘

1. 음식 이름

베트남어	발음	한국어
phở gà	퍼 가	닭고기 쌀국수
phở bò	퍼 버	소고기 쌀국수
bún chả	분 짜	분짜
cơm chiên	껌 찌엔	볶음밥
phở cuốn	퍼 꾸온	월남쌈
thịt ba chỉ nướng	틷 바 찌 느엉	삼겹살 구이
thịt bò xào	틷 버 사오	소고기 볶음
canh kimchi	까잉 김 치	김치찌개
canh tương	까잉 뜨엉	된장찌개
cơm cuộn	껌 꾸온	김밥
bánh gạo cay	바잉 가오 까이	떡볶이

베트남어	발음	한국어
rau thơm	자우 텀	향채
cay	까이	맵다
ăn	언	먹다
hành	하잉	파
đợi	더이	기다리다
một chút	몯 쭏	잠시
cho	쩌	넣다
thực đơn	특 던	메뉴

베트남어	발음	한국어
bia	비아	맥주
rượu	즈어우	소주
nước ngọt	나억 응얻	음료수
nước có ga	느억 꺼 가	탄산음료

2 핵심 표현

❶ 식당에서의 유용한 표현

Cho tôi xem thực đơn

쩌	또이	샘	특	던
주다	나	보다		메뉴

메뉴를 보여 주세요.

- 식당에서 메뉴를 달라고 할 때 사용할 수 있는 표현이다.
- 'Cho'는 '주다'란 의미로 상대방에 의해 어떤 행동을 직접할 수 있게 요청할 때 사용하거나 음식을 주문할 때 사용한다. 요청할 때: '**Cho** + (**호칭**) + **동사**'를 사용한다.

보기
- **Cho anh xem thực đơn.** (메뉴를 보여 주세요.)
  [쩌 아잉 샘 특 던]

Cho tôi một phở bò

쩌	또아	몯	퍼 버
주다	나	하나	쌀국수

쌀국수 하나 주세요.

- 음식을 주문할 때: '**Cho** + **수량** + **음식 이름**'을 사용한다.
  여러 가지 음식을 주문할 때 '**và**'(그리고)를 사용해서 나열한다.

보기
- **Cho tôi một cơm rang và một phở gà.** (볶음밥 하나 그리고 닭고기 쌀국수 하나 주세요.)
  [쩌 또이 몯 껌 장 바 몯 퍼 가]

2 핵심 표현

❷ 식당에서 알아야 할 표현

Anh muốn dùng gì ạ?
아잉 무언 중 지 아
당신 -고 싶다 드시다 무엇

무엇을 드시겠어요?

- **dùng**: '먹다'의 높임말인 '드시다'와 같은 의미다.

보기
- **Anh chị muốn dùng gì ạ?** (무엇을 드시겠어요?)
  [아잉 찌 무언 중 지 아]

Anh đợi một chút ạ
아잉 더이 몯 쭏 아
당신 기다리다 잠시

잠시 기다려 주세요.

- 누구에게 잠시 기다려 달라고 할 때 사용하는 표현이다.

보기
- **Anh chị đợi một chút ạ.** (잠시 기다려 주세요.)
  [아잉 찌 더이 몯 쭏 아]

Đừng cho rau thơm nhé!
등 쩌 자우 텀 내
-지 말다 넣다 향채 -

향채를 넣지 마세요.

- 이 문장에서 'cho'를 '넣다'란 뜻으로 사용되며 뒤에 명사가 있다.
- **đừng** + 동사: 상대방에게 무엇을 하지 말라고 명령하거나 요청할 때 사용한다.

보기
- **Đừng cho hành nhé!** (파를 넣지 마세요.)
  [등 쩌 하잉 내]

2 핵심 표현

❸ 가능한 일과 그렇지 못한 일에 대한 표현

Tôi ăn được món cay

또이	안	드억	먼	가이
나	먹다		음식	맵다

매운 음식을 먹을 수 있어요.

- 동사 + **được**: 한국어로 '-(으)ㄹ 수 있다'와 의미가 같다.

보기
- **Tôi ăn được hải sản.** (해산물을 먹을 수 있어요.)
  [또이 안 드억 하이 산]

Tôi không ăn được món cay

또이	콩	안	드억	먼	가이
나	-못하다	먹다		음식	맵다

매운 음식을 먹을 수 없어요.

- **không** + 동사 + **được**: 한국어로 '-(으)ㄹ 수 없다/ 못하다'와 의미가 비슷하고 가능하지 못한 일에 대해 표현할 때 사용한다.

보기
- **Tôi không ăn được hải sản.** (해산물을 먹을 수 없어요./ 못 먹어요.)
  [또이 콩 안 드억 하이 산]

11과 — 음식

3 회화 연습  mp3

대화를 듣고 핵심 표현을 찾아 보세요.

❶ 식당에서 주문하기

Minho
Em ơi, cho xem thực đơn.
앰 어이, 쩌 샘 특 던.

Nhân viên
Dạ, đây ạ. Anh muốn dùng gì ạ?
자, 더이 아. 아잉 무언 중 지 아?

Minho
Cho anh một phở bò và một phở cuốn.
쩌 아잉 몯 퍼 버 바 몯 퍼 꾸온.

Đừng cho rau thơm nhé.
등 쩌 자우 텀 냬.

Nhân viên
Dạ, anh chị đợi một chút ạ.
자, 아잉 찌 더이 몯 쭏 아.

렁	저기요. 메뉴를 보여 주세요.
직원	네, 여기 있습니다. 뭘 드시겠습니까?
렁	소고기 쌀국수 하나, 분짜 하나 주세요. 쌀국수에 향채를 넣지 마세요.
직원	네. 잠시 기다려 주세요.

> **참고**
>
> 식당에서 젊은 직원을 부를 때 보통 '**em ơi**' (앰 어이) 사용하고, 나이 든 여성분에게 '**cô ơi**'(꼬 어이: 이모/아줌마와 대응), 나이 든 남성분에게 '**chú ơi**' (쭈 어이: 삼촌/아저씨와 대응)를 사용한다.

3 회화 연습

대화를 듣고 핵심 표현을 찾아 보세요.

❷ 한국 음식과 베트남 음식 비교

Linh: **Món ăn Hàn Quốc cay lắm, phải không?**
먼 안 한 꿕 까이 람, 파이 콩?

Hana: **Hàn Quốc có nhiều món ăn cay**
한 꿕 꺼 니에우 먼 안 까이

nhưng cũng có nhiều món không cay.
능 꿍 꺼 니에우 먼 콩 까이

Linh: **Vậy à? Tớ không ăn được món cay**
버이 아 떠 콩 안 드억 먼 까이

nhưng tớ rất thích canh kimchi.
능 떠 젓 틱 까잉 김치

링	하나 씨, 한국 음식이 많이 매워요?
하나	한국에는 매운 음식도 많지만 안 매운 음식도 많아요.
링	난 매운 음식을 잘 못 먹지만 김치찌개를 좋아해요.

참고
- 음식(món ăn)은 'món'으로 줄여서 말할 수 있다.
- **lắm**: 형용사 뒤에 위치하고 '보통 정도보다 더'란 의미로 '매우'와 의미가 비슷하다.

4 듣기 연습

1. 듣고 맞는 정보를 연결해 보세요.

bánh gạo cay

bún chả

1) Long

2) Jinju   bánh mì

3) Tuấn   phở

4) Hoa   canh tương

5) Minho   cơm cuộn

canh kimchi

thịt ba chỉ nướng

2. 듣고 따라 해보세요.

Ai	tai	mai	mãi	hai	hai
Ay	tay	may	hay	này	thay

5　말하기 연습

1. 'được' 그리고 'không được'를 사용해서 말해 보세요.

> 보기　Long: hải sản – thịt bò
> - Long ăn được hải sản nhưng không ăn được thịt bò.

1) Jinju: thịt bò – thịt ba chỉ
2) Tuấn: bia – rượu
3) Hoa: hành – rau thơm
5) Minho: nước ngọt – nước có ga

필수 단어　· ăn : 먹다　　· uống : 마시다
　　　　　　　[안]　　　　　　　[우옹]

2. 아래 상황에 따라 대화를 만들어 연습해 보세요.

역할

식당 직원

메뉴를 보여 주고 주문을 기다린다.

친구와 함께 식당에 식사하러 왔다. 친구 대신 음식을 먼저 주문한다. 쌀국수 하나 볶음밥 하나를 주문하고, 향채를 빼 달라고 한다.

손님

6 쓰기 연습

1. 빈 칸에 한국어 어휘와 맞는 베트남어를 써 주세요.

▸ 분 짜 .... ▸ 맵다 ....

▸ 삼겹살 구이 .... ▸ 향채 ....

▸ 음료수 .... ▸ 메뉴 ....

▸ 된장찌개 .... ▸ 소고기 볶음 ....

▸ 김밥 .... ▸ 잠시 ....

2. 아래 단어를 재정렬하여 알맞은 문장을 써 보세요.

1) thích / rau / ăn / thơm / chị / rất.

  ▸ ....

2) Anh / rượu / không / được / uống.

  ▸ ....

3) rất / thích / kimchi / canh/ tôi / Hàn Quốc / của.

  ▸ ....

12과
Bài 12

쇼핑
Mua sắm

학습 목표
1. 물건 구매하기
2. 베트남 전통 의상, 베트남 화폐

❖ 베트남어는 한국어와 다르다.

Jinju(진주) 베트남어로 '깎아 주세요'라는 말은 'Cho tôi giảm giá'로 말할 수 있어요?

Tuấn(뚜언) 아니요. '깎아 주세요'는 'Giảm giá cho tôi'가 맞는 표현이에요. 가격을 깎아 주는 사람은 상대방이니까요. 이럴 때 'cho tôi'는 상대방에게 요청하는 일 뒤에 와요.

1 주요 어휘

1. 가게와 쇼핑

베트남어	발음	한국어
áo	아오	옷 (상의)
quần	꾸언	바지 (하의)
áo dài	아오 자이	아오 자이
lớn	런	크다
nhỏ	녀	작다
đắt	닫	비싸다
rẻ	재	싸다
mua	무아	사다
bán	반	팔다
trang phục	짱 푹	의상
truyền thống	쭈엔 통	전통
giúp	줍	도와주다
đôi giày	도이 자이	신발
khăn	칸	목도리
tạp chí	땁 찌	잡지
hoa	꽃	꽃
hàng mới	항 머이	신상
nhiều	니에우	많다
ít	읻	적다

1 주요 어휘

2. 베트남 화폐

Đồng - 동
500 năm trăm
1,000 một nghìn
2,000 hai nghìn
5,000 năm nghìn
10,000 mười nghìn
20,000 hai mươi nghìn
50,000 năm mươi nghìn
100,000 một trăm nghìn
200,000 hai trăm nghìn

3. 종별사

Cái (것): 움직일 수 없는 무생 사물

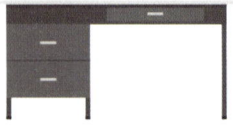 

cái bàn (책상)   cái áo (옷)

Tờ (장): 신문, 화폐, 잡지 등과 같은 종이로 만든 것

tờ báo (신문)   tờ giấy (종이)

Đôi (쌍): 신발, 젓가락과 같은 쌍으로 된 물건

đôi giày (신발)   đôi đũa (젓가락)

2 핵심 표현

❶ 가격 묻고 답하기

Cái này giá bao nhiêu?

까이	나이	자이	바오	니에우
것	이	가격		얼마

이것은 가격이 얼마예요?

- 가격을 물어볼 때 사용하는 표현인데, 'giá'를 생략해도 된다.

보기
- **Áo này giá bao nhiêu?** (이 옷 가격이 얼마예요?)
  [아오 나오 지아 바오 니에우]

100,000 đồng một cái

몯 짬 응인	동	몯	까이
10만 동		한	개

한 개에 10만동이에요.

- 가격을 말할 때 '금액 + 수량 + 종별사'이나 '수량 + 종별사 + 금액'으로 말할 수 있다. 일상생활 상황에서 금액을 말할 때 보통 '동'을 생략해서 말한다.

보기
두 개에 25만 동이에요.
- **250,000 đồng hai cái.**
  [하이 짬 남 므어이 응인 동 하이 까이]
- **Hai cái 250,000 đồng.**
  [하이 까이 하이 짬 남 므어이 응인 동]

2 핵심 표현

❷ 가게에서의 유용한 표현

Chị muốn mua gì ạ?

찌	무언	무아	지	
당신	-고 싶다	사다	무엇	

무엇을 사고 싶어요?

- 무엇을 사고 싶은지 이야기할 때 사용하는 표현이다. 비슷한 상황에서 '무엇이 필요해요?' (**Chị cần gì ạ?**)와 같이 많이 쓴다.

보기 · **Em muốn mua gì?** (뭘 사고 싶어요?)
　　　[앰 　무온 　무아 　지]

Có cỡ lớn hơn không?

꺼	꺼	런	헌	콩
	사이즈	크다	보다	

더 큰 사이즈가 있어요?

- **형용사 + hơn**: 두 개의 대상을 비교해서 어떠한 특징이나 성질이 정도가 더 한지 표현할 때 사용하는 표현이다. 'hơn'은 '보다'와 같은 의미로 사용된다.

보기 · **Có cỡ nhỏ hơn không?** (더 작은 사이즈가 있어요?)
　　　[꺼 꺼 녀 헌 콩]

2 핵심 표현

Giảm giá cho tôi được không?
지암 지아 쩌 또이 드억 콩
깎다   -에게   나

깎아 줄 수 있어요?

- 'Được không?'[드억 콩]: 어떤 내용을 부드럽게 요청하거나 문의할 때 사용하는 표현이며, 의문문 끝에 위치한다. 한국어 '-을/를 수 있어요?'/ '-아/어도 돼요?'와 같다.

보기 · **Giảm giá** cho em **được không?** (깎아 줄 수 있어요?)
　　　　[지암 지아 쩌 앰 드억 콩]

Cho tôi cái này
쩌 또이 까이 나이
주세요 나 것 이

이걸로 주세요.

- 무엇을 살지 결정할 때 사용하는 표현이다.
- này: '이'란 지시형용사로 말하는 사람과 가까운 위치에 있는 것을 가리킬 때 사용한다.

보기 · **Cho** anh **cái này.** (이걸로 주세요.)
　　　　[쩌 아잉 까이 나이]

참고 · **kia** (그): 말하는 사람과 듣는 사람에게 먼 위치에 있는 것을 가리킬 때 사용한다.
　　　· **đó/đấy** (저): 듣는 사람에게 가까이 있지만 말하는 사람에게 멀리 있는 것을 가리킬 때 사용한다.

3 회화 연습

대화를 듣고 핵심 표현을 찾아 보세요.

❶ 옷 구매하기

Hana: **Chị ơi. Cho em xem cái áo kia.**
찌 어이 쩌 앰 샘 까이 아오 끼아.

Cái áo này giá bao nhiêu?
까이 아오 나이 지아 바오 니에우?

Nhân viên: **Hai trăm nghìn em ạ.**
하이 짬 응인 앰 아.

Hana: **Giảm giá cho em được không?**
지암 지아 쩌 앰 드억 콩?

Nhân viên: **Hàng mới về nên bán đúng giá em ạ.**
항 머이 베 넨 반 둥 지아 앰 아.

Hana: **Vâng. Vậy cho em áo này.**
벙. 베이 쩌 앰 아오 나이.

하나	언니, 저 옷을 좀 보여 줄 수 있어요? 이거 얼마예요?
직원	20만 동 정가예요.
하나	좀 깎아 주실 수 있어요?
직원	신상이라 정가로 팔아요.
하나	네. 그럼 이 옷 주세요.

12과 — 쇼핑

3 회화 연습

대화를 듣고 핵심 표현을 찾아 보세요.

❷ 전통 의상 소개

Nhân viên: **Đây là áo dài,**
데이 라 아오 자이,

trang phục truyền thống của Việt Nam.
짱 푹 쭈엔 통 꾸아 비엣 남.

Jinju: **Đẹp quá! Nhưng có cỡ lớn hơn không?**
댑 꽈! 능 꺼 꺼 런 헌 콩?

Nhân viên: **Dạ có ạ. Chị đợi một chút.**
자 꺼 아. 찌 더이 몯 쭌.

직원 이것은 아오자이,
      베트남 전통 의상이에요.
진주 예쁘네요! 하지만
      더 큰 사이즈가 있나요?
직원 네. 있어요.
      잠시 기다려 주세요.

참고

아오자이는 베트남의 전통 의상이다. 상의가 길고 부드럽고 여성스러운 느낌이 나는 '긴 옷'이라는 의미를 가지고 있다. 결혼식이나 각 행사에서 널리 사용되고 있고 베트남 사람에게 많은 사랑을 받고 있다.

149

4 듣기 연습

1. 듣고 알맞은 가격을 써 주세요.

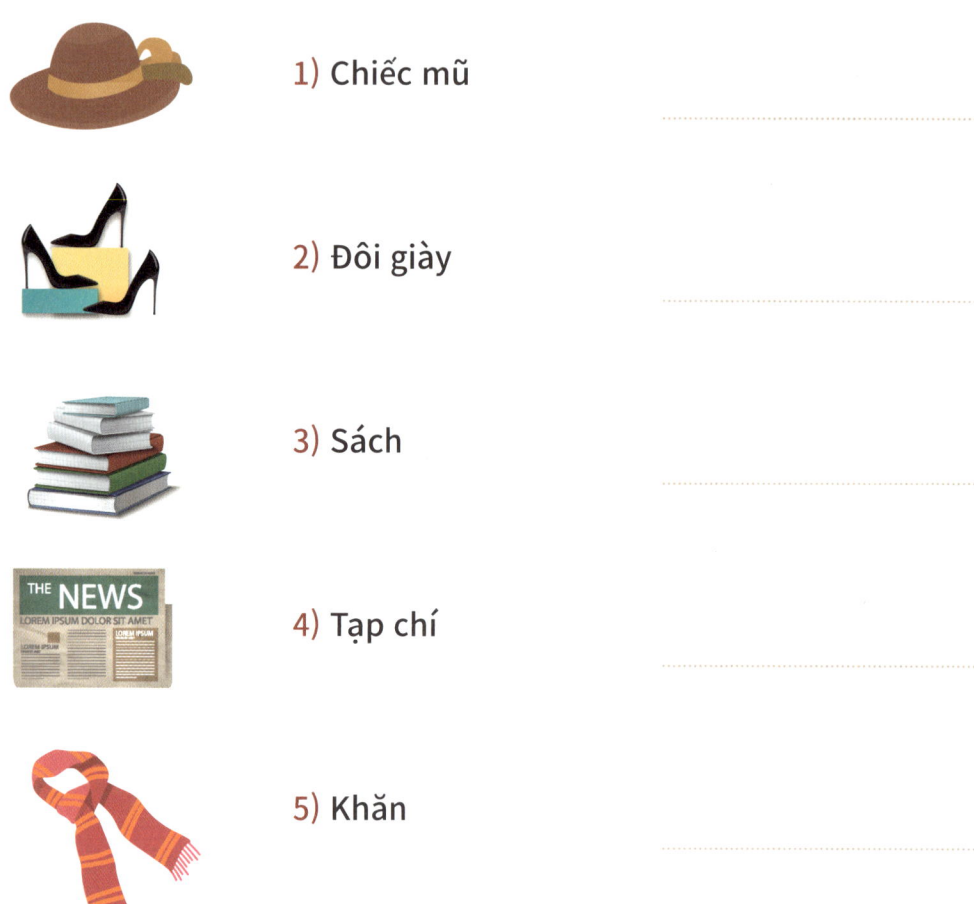

1) Chiếc mũ

2) Đôi giày

3) Sách

4) Tạp chí

5) Khăn

2. 듣고 따라 해보세요.

Đ	Đúng	được	đợi	đẹp	đã
V	Vâng	vậy	và	về	với

5 말하기 연습

1. 아래 상황에 따라 대화를 만들어 연습해 보세요.

| 상황 1 | 한 명은 옷가게 직원이고 한 명은 손님 역할을 한다. 옷이 마음에 들지만 사이즈가 커서 작은 사이즈로 구매한다. |

대화 예시

직원: **Chị muốn mua gì ạ?**

손님: **Cho xem cái áo này.**

| 상황 2 | 베트남 전통 의상 가게에 있다. 마음에 드는 옷이 있다. 우선 다른 색의 옷이 있는지 물어보고 가격을 묻고 구매한다. |

필수 단어 및 표현

- **màu** 색깔 [마우]
- **khác** 다르다 [칵]
- **có ~ không?**
- **thích** [틱]

2. 그림을 보고 묘사해 보세요.

| 보기 | 큰 모자 – 작은 모자: **Mũ này to hơn mũ kia.** |

1)

2)

3)

6 쓰기 연습

1. 빈 칸에 한국어 어휘와 맞는 베트남어를 써 주세요.

▸ 전통 ....   ▸ 신문 ....

▸ 젓가락 ....   ▸ 도와 주다 ....

▸ 바지 ....   ▸ 의상 ....

▸ 기다리다 ....   ▸ 신상 ....

▸ 팔다 ....   ▸ 깎다 ....

2. 아래 단어를 재정렬하여 알맞은 문장을 써 보세요.

1) quyển sách / đắt / này / tạp chí / hơn.

   ▸ ....

2) hàng mới về / bán / nên / đúng giá.

   ▸ ....

3) trang phục / là / áo dài / Việt Nam / truyền thống / của.

   ▸ ....

부록

부록1 — 답안

1부 베트남어 이해하기

1부 1과

1) 1. (X) 2. (O) 3. (X) 4. (O)
2) 1–e, 2–a, 3–c, 4–b, 5–d

1부 2과

2) 1. Hà   2. Lạnh
   3. Đã   4. Thao
   5. Đúng   6. Vịnh
   7. Mải   8. Là
   9. Nghĩ   10. Má

3) hỏ huyền ngã sắc nặng

1부 3과

1) Tiếng Việt khó.
2) Tôi thích Việt Nam.
3) Hana uống cà phê.
4) Tuấn học tiếng Hàn.

2부 베트남어로 표현하기

2부 1과 인사

듣기 연습

1) 1. B. là   2. A. khỏe
   3. C. ôn   4. A. gặp
   5. A. không

2) 대화 1: tên là / vui.
   대화 2: anh / có khỏe không?
   대화 3: cô / thầy.

말하기 연습

1) em – thầy
2) tớ – cậu
3) em – chị
4) anh – em
5) cháu – ông

쓰기 연습

1) 건강하다: khỏe
   형: anh   할아버지: ông
   친구: bạn   아버지: bố
   이름: tên   만나다: gặp
   남자 선생님: thầy
   기쁘다: vui   동생: em

2) 1. Anh tên là gì?
   2. Rất vui được gặp anh.
   3. Em có khỏe không?
   4. Cám ơn anh.
   5. Lâu rồi không gặp anh.

2부 2과 직업

듣기 연습

1) 1. A. giảng viên
   2. B. Việt
   3. A. học
   4. B. trường
   5. C. tiết

2) 1. kỹ sư
   2. sinh viên
   3. nhà báo
   4. luật
   5. tiếng Anh

쓰기 연습

1) 기자: nhà báo   교수: giáo sư
   기술자: kỹ sư   경제: kinh tế
   대학교: trường đại học
   공부하다: học
   회사원: nhân viên công ty
   하노이: Hà Nội
   법: Luật   주부: nội trợ

2) 1 – d : chuyên ngành
   2 – a: ngoại ngữ
   3 – e: nhân viên công ty
   4 – b: đại học
   5 – c: xây dựng

3) b. → Tôi học trường đại học Hàn Quốc.

2부 3과 가족

듣기 연습

1) 1. A. bạn   2. C. già
   3. B. thường   4. B. đình
   5. C. hài

2) 1. đã   2. cao
   3. hiền   4. Hồ Chí Minh
   5. xinh

쓰기 연습

1) 딸: con gái   아들: con trai
   누나: chị gái   남동생: em trai
   여동생: em gái 가족: gia đình
   잘생기다: đẹp trai
   재미있다: thú vị
   결혼하다: kết hôn
   똑똑하다: thông minh

2) 1 – c: béo – gầy
   2 – a: cao – thấp
   3 – b: dễ tính – khó tính

3) 1. Em gái hiền và dễ thương.
   2. Gia đình tôi sống ở Hà Nội.
   3. Anh trai tôi thông minh và vui tính.

2부 4과 생일

듣기 연습

1) 1. 23   2. 15
   3. 19   4. 80
   5. 44   6. 72
   7. 66   8. 350
   9. 105   10. 2000

2) Long → ngày 6 tháng 6.
   Lan   ngày 1 tháng 10
   Yến   ngày 25 tháng 12
   Hùng   16 tháng 9
   Linh   28 tháng 4

쓰기 연습

1) 나이: tuổi   생일: sinh nhật

부록1 — 답안

일: ngày 월: tháng
년: năm
축하: chúc mừng
졸업: tốt nghiệp
내일: ngày mai
친구의 책: sách của bạn
나의 남동생: em trai của tôi / em trai tôi

2) 1. Năm nay em bao nhiêu tuổi?
　 2. Sinh nhật chị là ngày mai.
　 3. Chúc mừng sinh nhật chị.

2부 5과 취미
듣기 연습
1) 1. đi xe đạp
　 2. nấu ăn
　 3. thường
　 4. với bạn
　 5. nghe nhạc

말하기 연습
2) 1. Dung: Dung thường đi xem phim vào cuối tuần với gia đình.
　 2. Huệ: Huệ thích đi mua sắm với bạn khi có thời gian.
　 3. Hưng: Hưng thích chơi đá bóng với bạn. Hưng thường đá bóng vào thứ tư và thứ sáu.

쓰기 연습
1) 영화 보기: xem phim
　 좋아하다: thích
　 아주: rất
　 음악 듣기: nghe nhạc
　 자전거 타기: đi xe đạp
　 시간: thời gian
　 요리하다: nấu ăn
　 쇼핑: mua sắm
　 언제: khi nào
　 항상: thường xuyên

2) (1) và　　(2) thường
　 (3) hoặc　(4) là　(5) cũng
　 (6) nhưng

2부 6과 베트남어 공부
듣기 연습
1) 1. 2 năm
　 2. trường đại học
　 3. 6 tháng
　 4. ngoại ngữ
　 5. 4 tháng

말하기 연습
2) 1. Hưng rất thích đá bóng. Hưng muốn trở thành cầu thủ đá bóng.
　 2. Minh rất thích vẽ trang. Minh muốn trở thành họa.
　 3. Minho rất thích học ngoại ngữ. Minho muốn trở thành hướng dẫn viên du lịch.

쓰기 연습
1) 여행 du lịch
　 가수 ca sĩ
　 중국어 tiếng Trung
　 어학원 trung tâm ngoại ngữ
　 쯤 khoảng
　 얼마나 bao lâu
　 축구 선수 cầu thủ đá bóng
　 원하다 muốn
　 일하다 làm việc
　 독학하다 tự học

2) 1. Tôi học tiếng Việt để đi du lịch.
　 2. Bạn đã học tiếng Việt bao lâu rồi?
　 3. Bây giờ gia đình mình đang ở Hà Nội.

2부 7과 시간과 요일
듣기 연습
1) 1. Thứ sáu
　 2. Tuần trước
　 3. Mười ba giờ
　 4. Bốn rưỡi chiều chủ nhật
　 5. Sáu giờ sáng thứ hai

2)

쓰기 연습
1) 월요일 thứ hai　주말 cuối tuần
　 일요일 chủ nhật　저녁 buổi tối
　 어제 hôm qua　일어나다 ngủ dậy
　 아침 buổi sáng　쇼핑 mua sắm
　 오늘 hôm nay
　 30분 ba mươi phút
　 내일 ngày mai　9시 chín giờ

2) 1. trưa ăn → ăn trưa
　 2. thường tôi đọc sách → tôi thường đọc sách
　 3. Tôi nên thường → Nên tôi thường

2부 8과 약속
듣기 연습
1) (1) bận　(2) muốn　(3) 3 giờ
　 (4) lúc　(5) 3 giờ
　 (6) Tuấn hẹn Long đi chơi bóng đá.
　 (7) Tuấn sẽ gặp Long lúc 3 giờ chiều.

말하기 연습
2) 1. Jinju hẹn Hana thứ 4 ăn trưa lúc 12 giờ ở nhà hàng Sao Việt.
　 2. Minh hẹn Tuấn thứ 7 đi đạp xe lúc 9 giờ sáng ở công viên.
　 3. Linh hẹn Jinju thứ 5 đi mua sắm lúc 4 giờ chiều ở trung tâm mua sắm.

부록1 — 답안

쓰기 연습

1) 슬프다: buồn   미안하다: xin lỗi
   바쁘다: bận   약속: hẹn
   축구하다: chơi bóng đá
   아쉽다: tiếc   식당: nhà hàng
   예쁘다: đẹp   주말: cuối tuần
   백화점: trung tâm mua sắm

2) 1. Hẹn em ở công viên lúc hai giờ chiều.
   2. Thứ bảy, em có lớp tiếng Anh.
   3. Hẹn em khi khác vậy.

2부 9과 날씨

듣기 연습

1) (1) bốn   (2) mùa đông
   (3) lạnh   (4) hai mùa
   (5) mùa khô
   (6) Hà Nội có bốn mùa.
   (7) Không. Hồ Chí Minh không có mùa đông.

쓰기 연습

1) 봄: mùa xuân   여름: mùa hè
   가을: mùa thu   겨울: mùa đông
   쌀쌀하다: lạnh   비가 오다: mưa
   어때요?: thế nào   바람: gió
   눈: tuyết   덥다: nóng

2) 1. Ngày mai trời nắng và không mưa.
   2. Bây giờ là mùa thu nên trời hơi lạnh.
   3. Mùa thu Hàn Quốc đẹp lắm nhỉ?

2부 10과 건강 안부

듣기 연습

1) 1. Linh bị ốm từ hôm kia.
   2. Linh chưa đi bệnh viện.
   3. Linh sẽ đi làm về lúc 5 giờ chiều.

말하기 연습

2) 1. Hoa bị đau lưng. Hoa nên chăm tập thể dục.
   2. Hùng bị đau đầu. Hùng nên uống thuốc giảm đau.
   3. Cô Dung thấy mệt. Cô Dung nên ăn nhiều hoa quả và nghỉ ngơi.

쓰기 연습

1) 눈: mắt   얼굴: mặt
   다리: chân   목: cổ
   어깨: vai   쉬다: nghỉ ngơi
   머리가 아프다: đau đầu
   열이 나다: sốt   피곤하다: mệt
   진통제: thuốc giảm đau

2) 1. Anh nên đi bệnh viện.
   2. Em còn hơi sốt thôi ạ.
   3. Em hãy nghỉ ngơi và nhanh khỏe nhé.

2부 11과 음식

듣기 연습

1) 1. Long — bánh gạo cay
   2. Jinju — bún chả
   3. Tuấn — bánh mì
   4. Hoa — phở
   5. Minho — canh tương
                cơm cuộn
                canh kimchi
                thịt ba chỉ nướng

말하기 연습

1) 1. Jinju ăn được thịt bò nhưng không ăn được thịt ba chỉ.
   2. Tuấn uốn được bia nhưng không uống được rượu.
   3. Hoa ăn được hành nhưng không ăn được rau thơm.
   4. Minho uống được nước ngọt nhưng không uống được nước có ga.

쓰기 연습

1) 분 짜: bún chả
   삼겹살 구이: thịt ba chỉ nướng
   음료수: nước ngọt
   된장찌개: canh tương
   김밥: cơm cuộn   맵다: cay
   향채: rau thơm   메뉴: thực đơn
   소고기 볶음: thịt bò xào
   잠시: một chút

2) 1. Chị rất thích ăn rau thơm.
   2. Anh không uống được rượu.
   3. Tôi rất thích canh kim chi của Hàn Quốc.

2부 12과 쇼핑

듣기 연습

1) 1. Chiếc mũ: 150,000 đồng.
   2. Đôi giày: 300,000 đồng.
   3. Sách: 96,000 đồng.
   4. Tạp chí: 25,000 đồng.
   5. Khăn: 130,000 đồng.

말하기 연습

2) 1. Cam nhiều hơn táo.
   2. Quần này dài hơn quần kia.
   3. Đồng hồ này đắt hơn đồng hồ kia.

쓰기 연습

1) 전통: truyền thống
   젓가락: đũa
   바지: quần
   기다리다: đợi
   팔다: bán
   신문: tờ báo
   도와 주다: giúp đỡ
   의상: trang phục
   신상: hàng mới
   깎다: giảm giá

2) 1. Quyển sách này đắt hơn tạp chí.
   2. Hàng mới về nên bán đúng giá.
   3. Áo dài là trang phục truyền thống của Việt Nam.

1부 베트남어 이해하기

1부 2과

1) ma má mà mả mã mạ
   han hán hàn hản hãn hạn
   tha thá thà thả thã thạ

2) 1. Hà 2. Lạnh 3. Đã 4. Thao 5. Đúng
   6. Vịnh 7. Mải 8. Là 9. Nghĩ 10. Má

3) hỏi huyền ngã sắc nặng

2부 베트남어로 표현하기

1과 인사

듣기 연습 1

1. Là 2. Khỏe 3. Ôn 4. Gặp 5. Không

듣기 연습 2

1. Xin chào. Tôi tên là Hương. Rất vui được gặp bạn.
2. A: Chào anh.
   B: Chào em. Lâu rồi không gặp em. Dạo này em có khỏe không?
3. A: Chào cô. B: Chào thầy.

2과 직업

듣기 연습 1

1. giảng viên 2. việt 3. học 4. trường 5. tiết

듣기 연습 2

1) Anh Hải là kỹ sư.
2) Hoa là sinh viên. Hoa học trường đại học Ngoại ngữ.
3) Anh Thắng là nhà báo.
4) Hương học chuyên ngành Luật, đại học Hà Nội.
5) Phong học chuyên ngành tiếng Anh.

3과 가족

듣기 연습 1

1. Bán 2. Gia 3. Thưởng 4. Đình 5. Hài

듣기 연습 2

1. Tôi là Hương. Tôi đã kết hôn rồi.
2. Con trai tôi cao và đẹp trai.
3. Anh trai tôi hiền và rất vui tính.
4. Gia đình tôi sống ở Hồ Chính Minh.
5. Em gái tôi xinh và rất thông minh.

4과 생일

듣기 연습 1

1. 23 hai mươi ba   2. 15 mười lăm
3. 19 mười chín   4. 80 tám mươi
5. 44 bốn mươi tư   6. 72 bảy mươi hai
7. 66 sáu mươi sáu   8. 350 ba trăm năm mươi
9. 105 một trăm linh năm 10. 2000 hai nghìn

듣기 연습 2

1. Sinh nhật của Long là ngày 6 tháng 6.
2. Sinh nhật của Lan là ngày 28 tháng 4.
3. Sinh nhật của Yến là ngày 16 tháng 9.
4. Sinh nhật của Hùng là ngày 25 tháng 12.
5. Sinh nhật của Linh là ngày 1 tháng 10.

5과 취미

듣기 연습 1

1. Khi rảnh, anh Minh thường đi xe đạp hoặc chơi bóng đá.
2. Khi rảnh, chị Hoa thường mua sắm hoặc nấu ăn.
3. Sở thích của Mai là mua sắm. Mai thường mua sắm trên mạng.
4. Sở thích của Hạnh là leo núi. Hạnh thường đi leo núi với bạn.
5. Nga thích chơi game và nghe nhạc. Nga thường chơi game với em trai.

듣기 연습 2

R	ra	rảnh	rừng
D	da	dáng	dừng
Gi	gia	gia đình	giống

6과 베트남어 공부

듣기 연습 1

1. Long đã học tiếng Anh được 2 năm rồi. Long học ở trường đại học.
2. Tuấn đã học tiếng Hàn 6 tháng rồi. Tuấn học ở trường đại học.
3. Hằng đã tự học tiếng Hàn được 6 tháng rồi.
4. Hoa đã học tiếng Trung được 8 tháng rồi. Hoa học ở trung tâm ngoại ngữ.
5. Minh đã học tiếng Anh được 4 tháng rồi. Minh tự học ở nhà.

부록2 — 듣기 연습 스크립트

듣기 연습 2

| lên | Tiến | Liên | tiên tiến | miên man |
| lêng | Tiếng | miệng | miếng | nghiêng ngả |

7과 시간과 요일
듣기 연습 1
1. thứ sáu   2. tuần trước
3. mười ba giờ   4. bốn rưỡi chiều chủ nhật
5. sáu giờ sáng thứ hai

듣기 연습 2
1. Cuối tuần Long sẽ đi leo núi.
2. Thứ bảy Hà đã nghỉ ngơi ở nhà.
3. Ngày mai, Minh sẽ đi xem phim với bạn.
4. Chủ nhật, Minho sẽ đi xe đạp.
5. Hôm qua Hana đã đi mua sắm.

8과 약속
듣기 연습 1
Tuấn: Chủ nhật này anh có (1) bận không?
Long. Anh không. Có chuyện gì thế?
Tuấn: Anh có (2) muốn đi đá bóng không?
Long: Được chứ. Mấy giờ?
Tuấn: (3) 3 giờ chiều được không ạ?
Long: Được. Vậy gặp em (4) lúc (5) 3 giờ chiều nhé.

듣기 연습 2
Đẹp quá!   Tốt quá!   Buồn quá!   Mệt quá!

9과 날씨
듣기 연습 1
Hà Nội có bốn mùa, mùa xuân, mùa hè, mùa thu và mùa đông.
Mùa hè rất nóng, mùa thu mát mẻ.
Mùa đông lạnh và mùa xuân ấm áp.
Hồ Chí Minh có hai mùa, mùa mưa và mùa khô.

듣기 연습 2

| An | lan | man | than | Hàn | Quốc |
| Anh | lạnh | mạnh | ánh | phong | cảnh |

10과 건강 안부
듣기 연습 1
Long: Linh, hôm nay trông em có vẻ mệt, em có sao không?
Linh: Dạ. Em bị ốm từ hôm kia.
Long: Em đã đi bệnh viện chưa?
Linh: Em chưa. Nhưng em uống thuốc rồi.
Em còn hơi sốt thôi ạ.
Long: Hôm nay em nên đi làm về sớm.
Linh: Dạ vâng, em sẽ về lúc 5 giờ chiều.

듣기 연습 2

| H | hơi | hãy | ho | học |
| Kh | khỏi | khá | không | khó |

11과 음식
듣기 연습 1
1. Minho rất thích ăn phở và bánh mì.
2. Jinju rất thích ăn bún chả.
3. Long rất thích ăn thịt ba chỉ nướng.
4. Tuấn thích ăn canh kimchi và bánh gạo cay.
5. Hoa thích ăn cơm cuộn và canh tương.

듣기 연습 2

| Ai | tai | mai | mãi | hai | chai |
| Ay | tay | may | hay | này | thay |

12과 쇼핑
듣기 연습 1
1. Chiếc mũ này giá bao nhiêu?
   150,000 đồng.
2. Đôi giày này bao nhiêu?
   300,000 đồng.
3. Sách này giá bao nhiêu?
   96,000 đồng.
4. Tạp chí này giá bao nhiêu?
   25,000 đồng.
5. Khăn này giá bao nhiêu?
   130,000 đồng.

듣기 연습 2

| Đ | Đúng | được | đợi | đẹp | đã |
| V | Vâng | vậy | và | về | với |